DIREITO DO TRABALHO NO STF

GEORGENOR DE SOUSA FRANCO FILHO

Juiz Togado do Tribunal Regional do Trabalho da 8ª Região, Doutor em Direito pela Faculdade de Direito da Universidade de São Paulo, Professor Titular de Direito Internacional e de Direito do Trabalho da Universidade da Amazônia, Presidente da Academia Nacional de Direito do Trabalho, Membro da Academia Paraense de Letras, da Sociedade Brasileira de Direito Internacional e da International Law Association.

DIREITO DO TRABALHO NO STF

12

EDITORA
LTr®
SÃO PAULO

Dados Internacionais de Catalogação na Publicação (CIP)
(Câmara Brasileira do Livro, SP, Brasil)

Franco Filho, Georgenor de Sousa
  Direito do trabalho no STF, 12 / Georgenor de Sousa Franco Filho. — São Paulo : LTr, 2009.

  Bibliografia.
  ISBN 978-85-361-1376-0

  1. Direito do trabalho 2. Direito do trabalho — Brasil 3. Brasil. Supremo Tribunal Federal I. Título.

09-05368   CDU-34:331:347.991(81)

Índice para catálogo sistemático:

1. Brasil : Direito do trabalho : Supremo
   Tribunal Federal   34:331:347.991(81)

Produção Gráfica e Editoração Eletrônica: **LINOTEC**
Capa: **ELIANA C. COSTA**
Impressão: **ASSAHI GRÁFICA E EDITORA**

© Todos os direitos reservados

EDITORA LTDA.
Rua Apa, 165 — CEP 01201-904 — Fone (11) 3826-2788 — Fax (11) 3826-9180
São Paulo, SP — Brasil — www.ltr.com.br

LTr 4024.6   Junho, 2009

PRINCIPAIS OBRAS DO AUTOR

De autoria exclusiva

1. *Direito do Mar.* Belém: Imprensa Oficial do Estado do Pará, 1974 (esgotado).
2. *A proteção internacional aos direitos humanos.* Belém: Imprensa Oficial do Estado do Pará, 1975 (esgotado).
3. *O Pacto Amazônico: idéias e conceitos.* Belém: Falângola, 1979 (esgotado).
4. *Imunidade de jurisdição trabalhista dos entes de Direito Internacional Público* (Prêmio "Oscar Saraiva" do Tribunal Superior do Trabalho). São Paulo: LTr, 1986 (esgotado).
5. *Na vivência do Direito Internacional.* Belém: Cejup, 1987.
6. *Na Academia: imortal por destino. Mosaico cultural* (em colaboração). Belém: Falângola, 1987.
7. *Guia prático do trabalho doméstico.* Belém: Cejup, 1989.
8. *A arbitragem e os conflitos coletivos de trabalho no Brasil.* São Paulo: LTr, 1990 (esgotado).
9. *Liberdade sindical e direito de greve no direito comparado (lineamentos).* São Paulo: LTr, 1992.
10. *Relações de trabalho na Pan-Amazônia: a circulação de trabalhadores* (Tese de Doutorado na Faculdade de Direito da Universidade de São Paulo). São Paulo: LTr, 1996.
11. *A nova lei de arbitragem e as relações de trabalho.* São Paulo: LTr, 1997.
12. *Globalização & desemprego: mudanças nas relações de trabalho.* São Paulo: LTr, 1998.
13. *Direito do Trabalho no STF (1).* São Paulo: LTr, 1998.
14. *Competência Internacional da Justiça do Trabalho.* São Paulo: LTr, 1998.
15. *O servidor público e a reforma administrativa.* São Paulo: LTr, 1998.
16. *Direito do Trabalho no STF (2).* São Paulo: LTr, 1999.
17. *Tratados internacionais.* São Paulo: LTr, 1999.
18. *Direito do Trabalho no STF (3).* São Paulo: LTr, 2000.
19. *Globalização do trabalho: rua sem saída.* São Paulo: LTr, 2001.
20. *Direito do Trabalho no STF (4).* São Paulo: LTr, 2001.
21. *Direito do Trabalho no STF (5).* São Paulo: LTr, 2002.
22. *Direito do Trabalho no STF (6).* São Paulo: LTr, 2003.
23. *Direito do Trabalho no STF* (7). São Paulo: LTr, 2004.
24. *Ética, Direito & Justiça.* São Paulo: LTr, 2004.
25. *Direito do Trabalho no STF (8).* São Paulo: LTr, 2005.
26. *Direito do Trabalho no STF (9).* São Paulo: LTr, 2006.
27. *Trabalho na Amazônia: a questão dos migrantes.* Belém: Unama, 2007.
28. *Direito do Trabalho no STF (10).* São Paulo: LTr, 2007.
29. *Direito do Trabalho no STF (11).* São Paulo: LTr, 2008.

Obras coordenadas

1. *Direito do trabalho e a nova ordem constitucional.* São Paulo: LTr, 1991.
2. *Curso de direito coletivo do trabalho (Estudos em homenagem ao Ministro Orlando Teixeira da Costa).* São Paulo: LTr, 1998.
3. *Presente e futuro das relações de trabalho (Estudos em homenagem ao Prof. Roberto Araújo de Oliveira Santos).* São Paulo: LTr, 2000.
4. *Direito e processo do trabalho em transformação* (em conjunto com os Ministros Ives Gandra da Silva Martins Filho e Maria Cristina Irigoyen Peduzzi e os Drs. Ney Prado e Simone Lahorgue Nunes). São Paulo: Campus/Elsevier, 2007.
5. *Trabalho da mulher (Homenagem a Alice Monteiro de Barros).* São Paulo: LTr, 2009.

Em coautoria

1. *Estudos de direito do trabalho (homenagem ao Prof. Júlio Malhadas)* (Coordenação: Profª Anna Maria de Toledo Coelho). Curitiba: Juruá, 1992.
2. *Processo do trabalho (homenagem ao Prof. José Augusto Rodrigues Pinto)* (Coordenação: Dr. Rodolfo Pamplona Filho). São Paulo: LTr, 1997.
3. *Estudos de direito do trabalho e processo do trabalho (homenagem ao Prof. J. L. Ferreira Prunes)* (Coordenação: Drs. Juraci Galvão Júnior e Gelson de Azevedo). São Paulo: LTr, 1998.
4. *Manual de direito do trabalho (homenagem ao Prof. Cássio Mesquita Barros Júnior)* (Coordenação: Dr. Bento Herculano Duarte Neto). São Paulo: LTr, 1998.
5. *Direito internacional no terceiro milênio (homenagem ao Prof. Vicente Marotta Rangel)* (Coordenação: Profs. Luiz Olavo Baptista e J. R. Franco da Fonseca). São Paulo: LTr, 1998.
6. *Direito do Trabalho (homenagem ao Prof. Luiz de Pinho Pedreira da Silva)* (Coordenação: Drs. Lélia Guimarães Carvalho Ribeiro e Rodolfo Pamplona Filho). São Paulo: LTr, 1998.
7. *Estudos de Direito (homenagem ao Prof. Washington Luiz da Trindade)* (Coordenação: Drs. Antônio Carlos de Oliveira e Rodolfo Pamplona Filho). São Paulo: LTr, 1998.
8. *Direito sindical brasileiro (homenagem ao Prof. Arion Sayão Romita)* (Coordenação: Dr. Ney Prado). São Paulo: LTr, 1998.
9. *Ordem econômica e social (homenagem ao Prof. Ary Brandão de Oliveira)* (Coordenação: Dr. Fernando Facury Scaff). São Paulo: LTr, 1999.
10. *Fundamentos do direito do trabalho (homenagem ao Ministro Milton de Moura França)* (Coordenação: Drs. Francisco Alberto da Motta Peixoto Giordani, Melchíades Rodrigues Martins e Tárcio José Vidotti). São Paulo: LTr, 2000.
11. *Temas relevantes de direito material e processual do trabalho (homenagem ao Prof. Pedro Paulo Teixeira Manus)* (Coordenação: Drs. Carla Teresa Martins Romar e Otávio Augusto Reis de Sousa). São Paulo: LTr, 2000.
12. *Os novos paradigmas do direito do trabalho (homenagem ao Prof. Valentin Carrion)* (Coordenação: Drª Rita Maria Silvestre e Prof. Amauri Mascaro Nascimento). São Paulo: Saraiva, 2001.
13. *O direito do trabalho na sociedade contemporânea* (Coordenação: Dras. Yone Frediani e Jane Granzoto Torres da Silva). São Paulo: Jurídica Brasileira, 2001.
14. *Estudos de direito constitucional (homenagem ao Prof. Paulo Bonavides)* (Coordenação: Dr. José Ronald Cavalcante Soares). São Paulo: LTr, 2001.
15. *O direito do trabalho na sociedade contemporânea (II)* (Coordenação: Profa. Yone Frediani). São Paulo: Jurídica Brasileira, 2003.

16. *Constitucionalismo social (homenagem ao Ministro Marco Aurélio Mendes de Farias Mello)* (Coordenação: EMATRA-2ª). São Paulo: LTr, 2003.
17. *Recursos trabalhistas (homenagem ao Ministro Vantuil Abdala)* (Coordenação: Drs. Armando Casimiro Costa e Irany Ferrari). São Paulo: LTr, 2003.
18. *Relações de direito coletivo Brasil-Itália* (Coodenação: Yone Frediani e Domingos Sávio Zainaghi). São Paulo: LTr, 2004.
19. *As novas faces do direito do trabalho (em homenagem a Gilberto Gomes)* (Coordenação: João Alves Neto). Salvador: Quarteto, 2006.
20. *Curso de direito processual do trabalho (em homenagem ao Ministro Pedro Paulo Teixeira Manus, do Tribunal Superior do Trabalho)* (Coordenação: Hamilton Bueno). São Paulo: LTr, 2008.

PREFÁCIOS

1. *Limites do* jus variandi *do empregador*, da Profª Simone Crüxen Gonçalves, do Rio Grande do Sul (São Paulo: LTr, 1997).
2. *Poderes do juiz do trabalho: direção e protecionismo processual*, do Juiz do Trabalho da 21ª Região Bento Herculano Duarte Neto, do Rio Grande do Norte (São Paulo: LTr, 1999).
3. *Direito Sindical*, do Procurador do Trabalho José Cláudio Monteiro de Brito Filho, do Pará (São Paulo: LTr, 2000).
4. *As convenções da OIT e o Mercosul*, do Professor Marcelo Kümmel, do Rio Grande do Sul (São Paulo: LTr, 2001).
5. *O direito à educação e as Constituições brasileiras*, da Professora Eliana de Souza Franco Teixeira, do Pará (Belém: Grapel, 2001).
6. *Energia elétrica: suspensão de fornecimento*, dos Professores Raul Luiz Ferraz Filho e Maria do Socorro Patello de Moraes, do Pará (São Paulo: LTr, 2002).
7. *Discriminação no trabalho*, do Procurador do Trabalho José Cláudio Monteiro de Brito Filho, do Pará (São Paulo: LTr, 2002).
8. *Discriminação estética e contrato de trabalho*, da Professora Christiane Marques, de São Paulo (São Paulo: LTr, 2002).
9. *O poeta e seu canto*, do Professor Clóvis Silva de Moraes Rego, ex-Governador do Estado do Pará (Belém: 2003).
10. *O direito ao trabalho da pessoa portadora de deficiência e o princípio constitucional da igualdade*, do Juiz do Trabalho da 11ª Região Sandro Nahmias Mello, do Amazonas (São Paulo: LTr, 2004).
11. *A prova ilícita no processo do trabalho*, do Juiz Togado do TRT da 8ª Região Luiz José de Jesus Ribeiro, do Pará (São Paulo: LTr, 2004).
12. *Licença-maternidade à mãe adotante: aspectos constitucionais*, da Juíza Togada do TRT da 2ª Região e Professora Yone Frediani, de São Paulo (São Paulo: LTr, 2004).
13. *Ventos mergulhantes,* do poeta paraense Romeu Ferreira dos Santos Neto (Belém: Pakatatu, 2007).
14. *Direito sindical,* 2ª ed., do Procurador do Trabalho da 8ª Região, Prof. Dr. José Claudio Monteiro de Brito Filho (São Paulo: LTr, 2007).
15. *A proteção ao trabalho penoso*, da Profa. Christiani Marques, da PUC de São Paulo (São Paulo: LTr, 2007).
16. *Regime próprio da Previdência Social*, da Dra. Maria Lúcia Miranda Alvares, Assessora Jurídica do TRT da 8ª Região (São Paulo: Editora NDJ, 2007).
17. *Meninas domésticas, infâncias destruídas*, da Juíza do Trabalho da 8ª Região e Profa. Maria Zuíla Lima Dutra (São Paulo: LTr, 2007).
18. *Curso de Direito Processual do Trabalho (em homenagem ao Ministro Pedro Paulo Teixeira Manus, do Tribunal Superior do Trabalho)* (Coordenação: Hamilton Bueno). (São Paulo: LTr, 2008).

*As desigualdades naturais são
muito mais difíceis de vencer
do que as sociais.*
Norberto Bobbio
(Elogio da serenidade)

*A ELZA, CAROLINA e GEORGENOR NETO,
sempre e sempre,
meu pequeno grande mundo.*

SUMÁRIO

INTRODUÇÃO 13

PARTE I — DIREITOS INDIVIDUAIS
1. Adicional de insalubridade. Base de cálculo 17
2. Participação nos lucros 19
3. Professores. Piso e jornada 21
4. Salário-mínimo. Inconstitucionalidade 26
5. Serviço militar. Remuneração abaixo do salário-mínimo 28
6. Trabalho insalubre. Aposentadoria 30

PARTE II — DIREITOS COLETIVOS
1. Greve 35
2. Interdito proibitório 58

PARTE III — DIREITO PROCESSUAL
1. Conflito de competência. Servidores 63
2. Contribuição previdenciária. Execução de ofício 81
3. Contribuição sindical. Competência da Justiça do Trabalho, salvo já sentenciados 84
4. Declaração de inconstitucionalidade. Efeitos 86
5. Precatórios 88
6. Reclamação criada em regimento interno 90

PARTE IV — SERVIÇO PÚBLICO
1. Justiça desportiva. Atuação do magistrado 97
2. Regime Jurídico Único. Justiça comum 101

PARTE V — PREVIDÊNCIA SOCIAL
1. Aposentadoria compulsória para notários 107
2. Aposentados. Complementação de aposentadoria. Definição de competência 109

PARTE VI — OUTROS TEMAS
1. Células-tronco 121
2. Prisão civil de alienante 129
3. Súmulas vinculantes do STF sobre matéria trabalhista ... 135

ÍNDICES
Índice geral 139
Índice dos julgados publicados na coletânea 141
Índice dos ministros do STF prolatores dos julgados citados 157
Índice temático 159

INTRODUÇÃO

Este é o 12º volume do *Direito do Trabalho no STF*. São exatos doze anos selecionando e comentando os principais julgados da Suprema Corte brasileira em matéria trabalhista e disciplinas correlatas.

Desta feita, inseri também duas das súmulas vinculantes do Supremo Tribunal, aprovadas em 2008, e que são específicas para matéria trabalhista. E, dentre outros temas, traga as informações fundamentais acerca dos importantes debates em torno da Lei de Biossegurança e da nova posição brasileira quanto à prisão civil.

A esses temas, apresento também decisões polêmicas sobre Direito Individual (enfatizando a desvinculação ao salário-mínimo), ao Direito Coletivo (especialmente no que respeita à greve de servidor público em geral), e também sobre previdência social e serviço público.

Reitero meus agradecimentos ao Dr. Armando Casimiro Costa e aos que fazem a LTr Editora, nessa sempre grande, querida e sempre amada São Paulo, pela habitual acolhida nesses mais de 10 anos, e renovo os pedidos de desculpas pelas muitas vezes que neguei atenção a minha mulher e a meus filhos, aos quais, como sempre, dedico toda a minha produção intelectual.

Belém, fevereiro de 2009.

Georgenor de Sousa Franco Filho

PARTE I

DIREITOS INDIVIDUAIS

1. ADICIONAL DE INSALUBRIDADE. BASE DE CÁLCULO[1]

Sedimentou-se na jurisprudência da Suprema Corte o entendimento no sentido de que é vedada qualquer vinculação do salário-mínimo, inclusive para fins de cálculo o adicional de insalubridade, com base no art. 7º, IV, da Constituição. A decisão, proferida no RE 439.035-3-ES, da lavra do Min. Gilmar Mendes, de 11.12.2007, na 2ª Turma do STF, foi assim noticiada:

> "A aplicação do salário-mínimo como base de cálculo do adicional de insalubridade viola o disposto no art. 7º, IV, da CF, que veda sua vinculação para qualquer fim. Com base nesse entendimento, a Turma conheceu e deu provimento a recurso extraordinário interposto contra acórdão do TST que reformara decisão do TRT de origem que determinara que, após a edição da CF/88, a remuneração do empregado seria a base de cálculo do adicional de insalubridade. Asseverou-se que o alcance do preceito constitucional é evitar que o atrelamento do salário-mínimo a situações diversas iniba o legislador na necessária reposição do poder aquisitivo, isto objetivando o atendimento ao que nele previsto. Enfatizou-se que, no caso, o salário-mínimo de referência fora desprezado, adotando-se, no período em discussão, fator vedado pela Constituição. RE provido para desvincular a base de cálculo do adicional e restabelecer o critério legal utilizado pelo TRT de origem para fixação da base de cálculo do adicional de insalubridade".[2]

---

[1] V., nesta coletânea, sobre base de cálculo do adicional de insalubridade, v. 2, p. 15; v. 3, p. 13; v. 7, p. 17; v. 10, p. 19; v. 11, p. 17.
[2] Disponível em: <http://www.stf.gov.br//arquivo/informativo/documento/informativo 492.htm>. Acesso em: 27.3.2008 (Informativo STF n. 492, de 14 de dezembro de 2007).

A ementa do *decisum* assinala:

> "*Recurso extraordinário.*
>
> *2. Adicional de insalubridade. Base de cálculo.*
>
> *3. Vedação de vinculação ao salário-mínimo. Posicionamento da 1ª Turma. Adesão.*
>
> *4. Restabelecimento do critério estabelecido pelo Tribunal de origem para fixação da base de cálculo.*
>
> *5. Recurso extraordinário conhecido e provido*".[3]

---

[3] RE 439.035-3-ES, de 11.12.2007 (Benedicto Magdalena Martins *vs.* Companhia Espírito Santense de Saneamento — CESAN). Rel.: Min. Gilmar Mendes (DJ n. 55, Seção 2, de 28.3.2008, p. 1225).

2. PARTICIPAÇÃO NOS LUCROS

O STF entendeu que cabe o recolhimento de contribuições previdenciárias dos valores pagos a título de "participação nos lucros e resultados", ao interpretar o inciso IX do art. 7º da Constituição. Nesse sentido, decidiu a E. 1ª Turma, julgando o RE 398.284-2-RJ, de 23.9.2008, relatado pelo Min. Menezes Direito. A notícia a respeito é a seguinte:

> "A Turma, por maioria, deu provimento a recurso extraordinário interposto pelo Instituto Nacional do Seguro Social — INSS contra acórdão do TRF da 2ª Região, que mantivera sentença concessiva de segurança para que empresa não recolhesse contribuições previdenciárias sobre a rubrica denominada 'participação nos resultados', sob pena de ofensa ao art. 7º, XI, da CF ('Art. 7º São direitos dos trabalhadores urbanos e rurais, além de outros que visem à melhoria de sua condição social: ... XI — participação nos lucros, ou resultados, desvinculada da remuneração, e, excepcionalmente, participação na gestão da empresa, conforme definido em lei;'). A Corte de origem reputara que lei posterior não poderia restringir o conteúdo do aludido dispositivo, cuja parte final desvincularia, desde logo, da remuneração dos empregados a participação nos lucros ou resultados da empresa, fazendo-o para todos os fins.
>
> De início, esclareceu-se que a questão discutida nos autos diria respeito à possibilidade ou não da cobrança de contribuição previdenciária entre a vigência da CF/88 e a Medida Provisória 794/94 — que dispõe sobre a participação dos trabalhadores nos lucros ou resultados das empresas e dá outras providências —, considerando lançamento fiscal anterior a esta, embora posterior àquela. Asseverou-se que a empresa pretendia que fosse levado em conta que, em qualquer circunstância, a participação estaria desvinculada da remuneração, o que in-

viabilizaria, por esse motivo, a cobrança da contribuição previdenciária incidente sobre essa participação desde a vigência da CF. Entendeu-se que, não obstante o dispositivo constitucional haver garantido a participação nos lucros desvinculada da remuneração, impôs o exercício do direito, como um todo, à disciplina legal. Assim, tratando-se de regra constitucional que necessitaria de integração para o gozo desse exercício, concluiu-se que, se lei veio a disciplinar esse mesmo exercício, somente a partir dessa é que se tornaria possível reconhecer o direito pleiteado pela impetrante. Com isso, reputou-se admissível a cobrança das contribuições previdenciárias até a data em que entrou em vigor a regulamentação do dispositivo. O Min. Marco Aurélio, tendo em conta a regra específica do art. 201, § 11, da CF ('§ 11. Os ganhos habituais do empregado, a qualquer título, serão incorporados ao salário para efeito de contribuição previdenciária e consequente repercussão em benefícios, nos casos e na forma da lei.'), salientou, ainda, não vislumbrar nessa desvinculação cláusula a abolir a incidência de tributos. Vencidos os Ministros Ricardo Lewandowski e Carlos Britto que, enfatizando os princípios da máxima efetividade da Constituição e o da proibição do retrocesso, desproviam o recurso ao fundamento de que a lei posterior não poderia ter alterado a dicção desse núcleo semântico para surpreender a recorrida com a exigência retroativa da contribuição. RE provido para julgar improcedente o pedido inicial formulado no mandado de segurança. Precedentes citados: RE 380636/SC (DJU de 24.10.2005); RE 477595/RS (DJU de 30.6.2006); MI 102/PE (DJU de 25.10.2002); MI 426/PR (DJU de 16.2.2006)".[4]

---

[4] Informativo STF n. 521, de 26.9.2008. RE 398.284-2-RJ, de 23.9.2008 (Instituto Nacional do Seguro Social — INSS vs. Companhia Vale do Rio Doce — CVRD). Rel.: Min. Menezes Direito (DJ n. 241, Seção 1, de 19.12.2008, p. 2087).

3. PROFESSORES. PISO E JORNADA

O Pleno do STF julgou, em 10.12.2008, a ADIN 4.167-3-DF, relatada pelo Min. Joaquim Barbosa. Ao final do julgamento, firmaram entendimento de que professor de ensino básico brasileiro não pode ser inferior a R$ 950,00, a partir de 1º.1.2009. A notícia a respeito registra:

> *"Depois de mais de três horas de discussões, o Plenário do Supremo Tribunal Federal (STF) concluiu, na tarde desta quarta-feira (17), o julgamento de liminar na Ação Direta de Inconstitucionalidade (ADI) 4167, ajuizada na Corte por cinco governadores contra a Lei 11.738/08, que instituiu o piso nacional dos professores de ensino básico das escolas públicas brasileiras. Os ministros definiram que o termo 'piso' a que se refere a norma em seu artigo 2º deve ser entendido como a remuneração mínima a ser recebida pelos professores. Assim, até que o Supremo analise a constitucionalidade da norma, na decisão de mérito, os professores das escolas públicas terão a garantia de não ganhar abaixo de R$ 950,00, somados aí o vencimento básico (salário) e as gratificações e vantagens. Esse entendimento deverá ser mantido até o julgamento final da Ação Direta de Inconstitucionalidade (ADI) 4167. A seguir, por maioria, os ministros concluíram pela suspensão do parágrafo 4º do artigo 2º da lei, que determina o cumprimento de, no máximo, 2/3 da carga dos magistrados para desempenho de atividades em sala de aula. No entanto, continua valendo a jornada de 40 horas semanais de trabalho, prevista no parágrafo 1º do mesmo artigo. A suspensão vale, também, até o julgamento final da ação pelo STF. Por fim, os ministros reconheceram que o piso instituído pela lei passa a valer já em 1º de janeiro de 2009. Votos. O relator do processo, ministro Joaquim Barbosa, votou pela improcedência integral do pedido de liminar feito pelos governadores do Mato Grosso do Sul, Paraná, Santa Catarina,*

Rio Grande do Sul e Ceará. Segundo o ministro, a lei visa prover meios para alcançar a redução de desigualdades regionais e a melhoria da qualidade de ensino na medida em que possibilita o aperfeiçoamento técnico dos professores, tempo para preparo de aulas e correção de provas. Numa análise inicial, a lei não apresenta conflito aparente com a Constituição Federal, concluiu o relator. Divergências pontuais. O ministro Carlos Alberto Menezes Direito divergiu do relator em alguns pontos. Ele disse que seria importante o Supremo reconhecer, ao menos cautelarmente, que a expressão 'piso', mencionada na lei, corresponda à remuneração mínima a ser recebida pelos professores públicos brasileiros, até que o Supremo julgue a questão em definitivo. É como a Constituição Federal entende a expressão piso, uma 'garantia mínima', completou o ministro Cezar Peluso, que acompanhou o voto de Menezes Direito. Neste ponto, o ministro foi acompanhado, além de Peluso, pelos ministros Eros Grau, Cármen Lúcia e Gilmar Mendes. Carga horária. O ministro abriu a divergência do relator quanto ao parágrafo 4º do artigo 2º, que dispõe sobre a carga horária a ser cumprida dentro da sala de aula. Ao definir que em todos os municípios os professores deverão ficar 33,3% de sua jornada de trabalho fora de sala, em atividade de planejamento, a lei teria uma consequência imediata, que seria a necessidade dos estados e municípios contratarem mais professores. Para o ministro, este fundamento configura o 'periculum in mora' (perigo na demora) que justifica a concessão da cautelar, para suspender esse dispositivo específico. Nesse ponto Menezes Direito foi acompanhado pelos ministros Cármen Lúcia, Eros Grau, Cezar Peluso e Gilmar Mendes. Mas o ministro Menezes Direito concordou com o relator sobre a perfeita harmonia dos principais pontos da Lei com a Constituição Federal. Ele disse não ver inconstitucionalidade na fixação de um piso nacional para o magistério, 'até porque isso é uma disposição constitucional expressa', frisou o ministro Menezes Direito. Ele fez questão de salientar seu entendimento sobre a importância dessa lei. Ele ressaltou que a lei tem por objetivo fortalecer a educação brasileira pela valorização do professor. Não se pode falar em avanço na educação sem a valorização do magistério, com-

plementou Carlos Ayres Britto. Nesse mesmo sentido manifestaram-se também os ministros Cármen Lúcia, Ricardo Lewandowski e Eros Grau".[5]

Anteriormente, o Min. Joaquim Barbosa, como relator, apreciou pedido de várias pessoas jurídicas e físicas de ingresso na ação como *amici curiae*, tendo proferido o seguinte despacho:

"Com a petição de fls. 201-255, Ação Educativa Assessoria, Pesquisa e Informação (associação civil sem fins lucrativos), Centro de Defesa da Criança e do Adolescente do Ceará — Cedeca/CE (associação civil sem fins lucrativos), Cipó — Comunicação Interativa (pessoa jurídica de direito privado), Avante — Educação e Mobilização Social (sociedade civil sem fins lucrativos), Centro de Cultura Luiz Freire — CCLF (associação civil sem fins lucrativos), Confederação Nacional dos Trabalhadores em Estabelecimentos de Ensino — Contee (entidade sindical), Actionaid Brasil (sociedade civil sem fins lucrativos), Organização Mundial para Educação Pré-Escolar — OMEP (organização civil sem fins lucrativos), Instituto Paulo Freire, Denise Carreira, el Tojeira Cara, Márcia Mara Ramos, Maria de Jesus Araújo Ribeiro, Maurício Fabião, Aparecida Néri de Souza, Idevaldo da Silva Rodião, José Marcelino de Rezende Pinto e Maria Clara di Pierro pedem a admissão nos autos desta ação direta de inconstitucionalidade na qualidade de 'amici curiae'. Em seguida, com a petição de fls. 437-451, o Sindicato dos Servidores do Magistério Municipal de Curitiba — SISMMAC também pede sua admissão como 'amicus curiae'. Por fim, a Confederação Nacional dos Trabalhadores em Educação — CNTE também pede sua admissão nos autos (Fls. 547-598). A intervenção de terceiros no processo da ação direta de inconstitucionalidade é regra excepcional prevista no art. 7º, § 2º, da Lei 9.868/1999, que visa a permitir 'que terceiros — desde que investidos de representatividade adequada — possam ser admitidos na relação processual, para efeito de manifestação sobre a questão de direito subjacente à própria controvérsia cons-

---

[5] Disponível em: <http://www.stf.jus.br/portal/cms/verNoticiaDetalhe.asp?idConteudo=101084>. Acesso em: 18.12.2008.

titucional. — A admissão de terceiro, na condição de 'amicus curiae', no processo objetivo de controle normativo abstrato, qualifica-se como fator de legitimação social das decisões da Suprema Corte, enquanto Tribunal Constitucional, pois viabiliza, em obséquio ao postulado democrático, a abertura do processo de fiscalização concentrada de constitucionalidade, em ordem a permitir que nele se realize, sempre sob uma perspectiva eminentemente pluralística, a possibilidade de participação formal de entidades e de instituições que efetivamente representem os interesses gerais da coletividade ou que expressem os valores essenciais e relevantes de grupos, classes ou estratos sociais. Em suma: a regra inscrita no art. 7º, § 2º, da Lei nº 9.868/99 — que contém a base normativa legitimadora da intervenção processual do 'amicus curiae' — tem por precípua finalidade pluralizar o debate constitucional.' (ADI 2.130-MC, rel. min. Celso de Mello, DJ 02.02.2001). Vê-se, portanto, que a admissão de terceiros na qualidade de 'amicus curiae' traz ínsita a necessidade de que o interessado pluralize o debate constitucional, apresentando informações, documentos ou quaisquer elementos importantes para o julgamento da ação direta de inconstitucionalidade. Calcado em tais parâmetros, admito a manifestação dos postulantes Confederação Nacional dos Trabalhadores em Estabelecimentos de Ensino — Contee, do Sindicato dos Servidores do Magistério Municipal de Curitiba e da Confederação Nacional dos Trabalhadores em Educação, porquanto entidades representativas do grupo social que será diretamente afetado pela norma cuja validade se encontra sob o crivo do Supremo Tribunal Federal. Em relação aos demais postulantes, observo que a negativa de admissão à participação na instrução da ação direta de inconstitucionalidade não impede que as respectivas razões sejam consideradas pela Corte por ocasião do julgamento. Também não impede que tais entidades ofereçam, coletivamente, subsídios de dados aos demais interessados e à própria Corte, via memoriais. No caso em exame, a postulação dos demais interessados é coletiva, de modo que sua inadmissão não interfere na representatividade ou na apreciação da argumentação apresentada. Por outro lado, pende o exame da medida cautelar requerida e é iminente o início do exercício financeiro no qual as obrigações tornar-se-ão exigíveis, circunstância que recomenda, ao menos no momento, a ordenação do processo de molde a preservar a celeridade, sem a perda da representação já noticiada. Anoto, ainda, que nem todos os postulantes que cerram fileiras na petição de fls. 201-255 são entidades devotadas primordial ou exclusivamente ao estudo de políticas públicas de educação básica. Portanto, deixo de admitir a participação dos demais postulantes, pessoas jurídicas. Por fim, também deixo de admitir a participação dos postulantes, pessoas naturais, dado que o art. 7º, § 2º, da Lei 9.868/1999 é expresso em se referir a órgãos ou entidades. À Secretaria, para a inclusão dos nomes dos interessados e de seus patronos na autuação. Publique-se".[6]

---

[6] ADIn 4.167-3-DF, de 10.12.2008 (Governadores dos Estados de Mato Grosso do Sul, Paraná, Santa Catarina, Rio Grande do Sul e Ceará *vs.* Presidente da República e Congresso Nacional. Interessados: Confederação Nacional dos Trabalhadores em Estabelecimentos de Ensino — CONTEE, Sindicato dos Servidores do Magistério Municipal de Curitiba — SISMMAC e Confederação Nacional dos Trabalhadores em Educação — CNTE). Rel.: Min. Joaquim Barbosa (DJ n. 239, Seção 1, de 17.12.2008, p. 272).

4. SALÁRIO-MÍNIMO. INCONSTITUCIONALIDADE

Apreciando arguição de descumprimento de preceito fundamental, a Suprema Corte entendeu impossível remunerar ocupantes de cargos e funções privativos de pessoas com grau superior ou similar considerando múltiplos do salário-mínimo. Trata-se da ADPF-47-5-PA, relatada pelo Min. Eros Grau, a 12.12.2007. A notícia a respeito é a seguinte:

> *"Por vislumbrar ofensa ao princípio federativo e à proibição de vinculação do salário-mínimo para qualquer fim (CF, art. 7º, IV), o Tribunal julgou procedente pedido formulado em arguição de descumprimento de preceito fundamental proposta pelo Governador do Pará para declarar o não recebimento, pela Constituição Federal de 1988, do art. 2º do Decreto estadual 4.726/87, que cria Tabela Especial de Vencimentos e Salários destinada a remunerar os ocupantes de cargos e funções de emprego privativos de titulares de cursos superiores ou habilitação legal equivalente do extinto Departamento de Estradas e Rodagem do referido Estado-membro, estabelecendo que a mesma será constituída por três níveis salariais correspondentes a múltiplos de salário-mínimo".*[7]

A decisão da Corte é a seguinte:

> *"O Tribunal, à unanimidade, nos termos do voto do Relator, julgou procedente a arguição de descumprimento de preceito fundamental, entendendo não recebida pela Constituição de 1988 o artigo 2º do Decreto n. 4.726, de 17 de feve-*

---

[7] Disponível em: <http://www.stf.gov.br//arquivo/informativo/documento/informativo492.htm>. Acesso em: 27.3.2008 (Informativo STF n. 492, de 14.12.2007).

reiro de 1987, do Estado do Pará. Votou a Presidente, Ministra Ellen Gracie. Ausentes, justificadamente, o Senhor Ministro Joaquim Barbosa e, neste julgamento, o Senhor Ministro Menezes Direito. Falou pelo arguente o Dr. José Aloysio Campos, Procurador do Estado. Plenário, 12.12.2007".[8]

---

[8] ADPF-47-5-PA, de 12.12.2007 (Governador do Estado do Pará *vs.* Governador do Estado do Pará). Rel.: Min. Eros Grau (DJ n. 70, Seção 1, de 18.4.2008, p. 11).

5. SERVIÇO MILITAR. REMUNERAÇÃO ABAIXO DO SALÁRIO-MÍNIMO

O STF, julgando, a 30.4.2008, o RE 570.177-8-MG, relatado pelo Min. Ricardo Lewandowski, entendeu que a prestação do serviço militar obrigatório não precisa ser remunerada com valor igual ou superior ao salário-mínimo. Segundo a Suprema Corte pagamento inferior ao valor do mínimo não viola a Constituição, porque não se assemelham os praças aos trabalhadores de que trata o art. 7º, IV, da Lei Fundamental. A notícia a respeito é a seguinte:

*"Por unanimidade, o Plenário do Supremo Tribunal Federal (STF) decidiu hoje (30) que é constitucional o pagamento de valor inferior ao salário-mínimo para os jovens que prestam serviço militar obrigatório. A decisão foi tomada no julgamento do Recurso Extraordinário (RE) 570.177, interposto por um recruta contra a União — caso em que foi reconhecida a ocorrência de repercussão geral. O recurso negado na sessão desta quarta-feira alegava que o pagamento de valor inferior ao mínimo violava o disposto nos artigos 1º, incisos III e IV; 5º, **caput**; e 7º, incisos IV e VII, da Constituição Brasileira.*

Os ministros acompanharam o voto do relator, Ricardo Lewandowski, que considerou que 'praças que prestam serviço militar inicial obrigatório não tinham, como não têm, o direito a remuneração, pelo menos equivalente, ao salário-mínimo em vigor, afigurando-se juridicamente inviável classificá-los, por extensão, como trabalhadores na acepção que o inciso IV do artigo 7º da Carta Magna empresta ao conceito'.

O relator lembrou, ainda, que 'os militares se submetem a um regime jurídico próprio que não se configura com os servidores públicos civis', fato que, segundo ele, 'nem os constituintes originários nem os derivados animaram-se em fazê-lo ao editar a Emenda Constitucional n. 19 de 1998'.

Para reforçar seu voto, o ministro fez referência à obrigatoriedade do serviço militar que, em tempos de guerra, é estendido às mulheres e aos clérigos. Citou, ainda, alguns exemplos, para distinguir o servidor civil e militar, como a questão de os militares serem impedidos de fazer greve e não poderem ter filiação partidária.

A decisão do Plenário aplica-se também aos REs 551453; 551608; 558279; 557717; 557606; 556233; 556235; 555897; 551713; 551778; 557542, que tratam de matéria idêntica".[9]

A ementa do julgado é a que está a seguir transcrita:

"CONSTITUCIONAL. SERVIÇO MILITAR OBRIGATÓRIO. SOLDO. VALOR INFERIOR AO SALÁRIO-MÍNIMO. VIOLAÇÃO AOS ARTS. 1º, III, 5º, CAPUT, E 7º, IV, DA CF. INOCORRÊNCIA. RE DESPROVIDO.

I — A Constituição Federal não estendeu aos militares a garantia de remuneração não inferior ao salário-mínimo, como o fez para outras categorias de trabalhadores.

II — O regime a que submetem os militares não se confunde com aquele aplicável aos servidores civis, visto que têm direitos, garantias, prerrogativas e impedimentos próprios.

III — Os cidadãos que prestam serviço militar obrigatório exercem um múnus público relacionado com a defesa da soberania da pátria.

IV — A obrigação do Estado quanto aos conscritos limita-se a fornecer-lhes as condições materiais para a adequada prestação do serviço militar obrigatório nas Forças Armadas.

V — Recurso extraordinário desprovido".[10]

O tema, agora, é objeto da Súmula Vinculante n. 6, que está transcrita na Parte VI deste volume.

---

[9] Notícias do STF, de 30.4.2008. Disponível em: <http://www.stf.jus.br/portal/cms/ver NoticiaDetalhe.asp?idConteudo=88108&caixaBusca=N>. Acesso em: 4.5.2008.

[10] RE 570.177-8-MG, de 30.4.2008 (Wellington Carlos de Oliveira *vs.* União). Rel.: Min. Ricardo Lewandowski (DJ n. 117, Seção 1, de 27.6.2008, p. 1.737).

6. TRABALHO INSALUBRE. APOSENTADORIA[11]

O STF, em sua composição plena, tomou, a 1.7.2008, importante decisão, no julgamento do MI 758-4-DF, relatado pelo Min. Marco Aurélio. Foi reconhecido direito a aposentadoria especial a servidor da Fundação Osvaldo Cruz, por exercício de trabalho em ambiente insalubre. O notícia a respeito informa:

> "O Plenário do Supremo Tribunal Federal (STF) garantiu, na manhã desta terça-feira (1º), o direito a aposentadoria especial a Carlos Humberto Marques por exercer trabalho em ambiente insalubre, enquanto servidor da Fundação Oswaldo Cruz, no Rio de Janeiro. O caso foi debatido no Mandado de Injunção (MI) 758.
>
> O relator, ministro Marco Aurélio, lembrou que o STF já tem precedentes em que determina a aplicação da Lei 8.213/93 'ante a inércia do Congresso Nacional' em legislar sobre o tema. A lei trata dos planos de benefícios da Previdência Social.
>
> Ao votar pela concessão da aposentadoria, o ministro reconheceu o direito de Carlos Humberto ter a contagem de tempo de serviço diferenciada. 'Julgo procedente o pedido formulado para, de forma mandamental, assentar o direito do impetrante à contagem diferenciada do tempo de serviço em decorrência de atividade em trabalho insalubre', afirmou o ministro.
>
> A decisão foi unânime e o ministro Carlos Ayres Britto reforçou dizendo que 'esse é um caso típico de preenchimento de uma lacuna legislativa pelo Poder Judiciário em se tratando de direito constitucionalmente assegurado'. Ou seja, é um direito garantido pela Constituição Federal, mas que ainda depende de regulamentação por parte do Congresso Nacional.

---

[11] Sobre aposentadoria e adicional de insalubridade v., nesta coletânea, v. 7, p. 134.

O presidente da Corte, ministro Gilmar Mendes, disse que seria interessante comunicar o Congresso sobre a decisão, inclusive para fins estatísticos. 'O presidente Arlindo Chinaglia há pouco comunicou que estava organizando um grupo ou comissão com esse desiderato, com o fito de eventualmente comatar essas lacunas mais evidentes, de modo que nós estaríamos até contribuindo nesse sentido'".[12]

A ementa do julgado é a seguinte:

"MANDADO DE INJUNÇÃO — NATUREZA. Conforme disposto no inciso LXXI do artigo 5º da Constituição Federal, conceder-se-á mandado de injunção quando necessário ao exercício dos direitos e liberdades constitucionais e das prerrogativas inerentes à nacionalidade, à soberania e à cidadania. Há ação mandamental e não simplesmente declaratória de omissão. A carga de declaração não é objeto da impetração, mas premissa da ordem a ser formalizada.

MANDADO DE INJUNÇÃO — DECISÃO — BALIZAS. Tratando-se de processo subjetivo, a decisão possui eficácia considerada a relação jurídica nele revelada.

APOSENTADORIA — TRABALHO EM CONDIÇÕES ESPECIAIS — PREJUÍZO À SAÚDE DO SERVIDOR — INEXISTÊNCIA DE LEI COMPLEMENTAR — ARTIGO 40, § 4º, DA CONSTITUIÇÃO FEDERAL. Inexistente a disciplina específica da aposentadoria especial do servidor, impõe-se a adoção, via pronunciamento judicial, daquela própria aos trabalhadores em geral — artigo 57, § 1º, da Lei n. 8.213/91".[13]

---

[12] Disponível em: <http://www.stf.jus.br/portal/cms/verNoticiaDetalhe.asp?idConteudo=92703&caixaBusca>. Acesso em: 30.8.2008.

[13] MI-758-6-DF, de 1.7.2008 (Carlos Humberto Marques *vs.* Presidente da República). Rel.: Min. Marco Aurélio (DJ n. 182, Seção 1, de 25.9.2008, p. 37).

PARTE II

DIREITOS COLETIVOS

1. GREVE

O tema *greve* sempre está na ordem do dia, por se tratar da mais conflituosa forma de reivindicação. Os que atuam no serviço público sempre a reivindicaram. A Carta de 1988 contemplou a hipótese, mas fê-lo com exigências várias, a partir da regulamentação via lei complementar, e, mais tarde, por lei especial. Ambas nunca existiram. Por outro lado, nem todos foram contemplados (militares, p. ex., são expressamente excluídos). A seguir, estão três decisões do STF sobre o tema. Uma cuida dos advogados públicos. Outra, a mais polêmica, versa especialmente sobre a aplicação da Lei n. 7.783/89. A última cuida da vedação de sua prática no âmbito da Polícia Civil. Vejamos a seguir cada qual.

1.1. Advogados públicos. Ilegalidade

Em sede de liminar, a 21.2.2008, o Min. Ricardo Lewandowski não reconheceu direito aos advogados públicos de exercerem o direito de greve. Trata-se da Rcl 5.798-DF.

O noticiário a respeito informa:

"O Supremo Tribunal Federal (STF) manteve, liminarmente, decisão da 16ª Vara da Seção Judiciária do Distrito Federal, que julgou ilegal a greve dos advogados públicos federais, deflagrada no dia 17 de janeiro deste ano, contra descumprimento de acordo salarial firmado dia 1º de novembro por parte do governo federal. O pedido, negado pelo ministro Ricardo Lewandowski, foi requerido pelo Conselho Federal da Ordem dos Advogados do Brasil (OAB) na Reclamação (RCL) 5798.

De acordo com a OAB, a 16ª Vara teria ofendido autoridade de decisão do Supremo que, ao julgar os Mandados de Injunção (MIs) 670, 708 e 712, declarou que a regulamentação do direito de greve aplica-se não só às partes envolvidas nessas ações, mas, por sua natureza, também a todo serviço público. O conselho ressalta ser indiscutível que 'o exercício do direito fundamental à greve no serviço público civil tornou-se viável mediante a aplicação analógica do disposto na Lei 7.783/89 [lei de greve vigente no setor privado]'.

Segundo o ministro Lewandowski, no mandado de segurança, a prova deve estar preconstituída, a fim de demonstrar a existência de fatos incontroversos, 'que se amoldem com precisão à regra jurídica alegadamente violada'. Ele verificou que, em exame preliminar dos autos, 'a inicial, embora bem elaborada, não comprova, ictu oculi, *ou seja, de forma inequívoca, que os grevistas estariam cumprindo todos os requisitos da Lei 7.783/89, conforme previsto nos Mandados de Injunção 670/ES, 708/DF e 712/PA'.*

Assim, o relator indeferiu o pedido de medida liminar, sem prejuízo da análise de mérito".[14]

O despacho ministerial, de 21.2.2008, é o seguinte:

> *"Trata-se de reclamação, com pedido de medida liminar, proposta pelo Conselho Federal da Ordem dos Advogados do Brasil — OAB, em face de decisão do Juízo Federal da 16ª Vara da Seção Judiciária do Distrito Federal nos autos da ação 2008.34.00.002.476-7.*
>
> *A requerente informa que o ato judicial contestado é fruto de ação judicial ajuizada pela União, em que esta consignou que a greve de integrantes dos quadros da Advocacia Pública Federal, além de ilegal, seria abusiva, uma vez que aqueles profissionais exercem atividades essenciais ao funcionamento do Estado.*
>
> *Narra, ainda, que o Juízo Federal da 16ª Vara da Seção Judiciária do Distrito Federal deferiu o pedido antecipatório pleiteado na referida ação para declarar a ilegalidade da agendada paralisação dos serviços da AGU.*

---

[14] Disponível em: <http://www.stf.gov.br/portal/cms/verNoticiaDetalhe.asp?idConteudo=83981& caixaBusca=N>. Acesso em: 27.3.2008.

Segundo a requerente, a greve, deflagrada para lograr a concessão de reajustes de vencimentos, teria sido decidida em assembleia geral, com a observância de todas as disposições da Lei 7.783/89.

Aduz possuir legitimidade para propor a presente ação, uma vez que os membros da AGU são advogados inscritos na OAB, que tem a obrigação legal de defendê-los.

Sustenta a requerente, em suma, em abono da reclamatória, que a decisão atacada ofendeu a autoridade de decisões desta Suprema Corte proferidas nos Mandados de Injunção 670/ES, 708/DF e 712/PA, no sentido de que o exercício do direito fundamental à greve no serviço público tornou-se viável mediante a aplicação, por analogia, do disposto na Lei 7.783/89.

Ao consignar que 'o caráter público de que se revestem os serviços prestados pelos associados das entidades' constitui óbice à deflagração da greve, o 'decisum' não teria observado que a questão já fora tratada e decidida pelo STF, o qual entendeu ser admissível a greve no serviço público desde que observadas as condições a que se submetem aquelas deflagradas no setor privado.

Nesses termos, requer a concessão de medida liminar, a fim de que sejam suspensos os efeitos da decisão proferida pelo Juízo Federal da 16ª Vara da Seção Judiciária do Distrito Federal, uma vez presentes o 'fumus boni iuris', caracterizado pela afronta direta ao decidido por esta Corte, e o 'periculum in mora', porquanto a decisão judicial atacada desarticularia a greve já deflagrada pelos citados servidores, além de permitir a imediata aplicação de penalidades aos grevistas.

No mérito, pede seja a reclamação julgada procedente, cassando-se definitivamente a decisão reclamada.

À fl. 375, a Ministra Ellen Gracie solicitou informações de estilo, as quais vieram aos autos vieram, às fls. 383-391, cujo teor, em resumo, é o seguinte:

'Seja permitido dizer, Senhora Presidente, que, embora sintética, a invectivada decisão não se descuidou de colher seus fundamentos nos ilustrados Julgados dessa Suprema Corte,

exarados nos mencionados Mandados de Injunção de números 670, 708 e 712. Sem mencioná-los de modo expresso, considerando não possuir efeito 'erga omnes' o 'veredictum' editado nessa forma de ação constitucional, assegurou a incolumidade da prestação dos serviços essenciais, por aplicação analógica da Lei 7.783/1989.

(...)

A declaração da ilegalidade do movimento paredista, ora acoimada pelo insigne Conselho Federal da OAB, deveu-se, precisamente, aos robustos argumentos coligidos pela União, nos termos dos quais, em virtude da perda de arrecadação da CPMF, como referido retro, verificou-se uma 'sensível alteração da situação fática, que criou dificuldades até o momento impossíveis de serem solucionadas pelo Governo' (fls. 05, dos autos).

(...)

Precisamente, por exercerem atividade essencial à justiça, é de esperar-se dos Senhores Procuradores Federais uma especial atenção aos ditames da ordem pública e às vicissitudes por que passa o Executivo Federal, no presente momento'.

É o relatório.

Passo a decidir.

Conforme consignado pela reclamante (fl. 15), o 'periculum in mora' residiria no fato de a decisão reclamada possuir 'o condão de tornar sem efeito toda a movimentação — de âmbito nacional — já deflagrada pelas carreiras da Advocacia Pública Federal, bem como as deliberações assembleares'.

Ademais, intensificaria 'o quadro de grave crise entre as mencionadas carreiras e a Administração Pública, ante a cominação de penalidades funcionais e de medidas de retaliação contra os participantes do movimento paredistas'.

E o 'fumus boni iuris', como visto, estaria consubstanciado no desrespeito às supramencionadas decisões do Supremo Tribunal Federal prolatadas em distintos mandados de injunção.

Ora, como se sabe, no mandado de segurança, a prova há de estar preconstituída, de maneira a demonstrar a existência de fatos incontroversos, que se amoldem com precisão à regra jurídica alegadamente violada.

Num exame preliminar dos autos, porém, verifico que a inicial, embora bem elaborada, não comprova, 'ictu oculi', ou seja, de forma inequívoca, que os grevistas estariam cumprindo todos os requisitos da Lei 7.783/89, conforme previsto nos Mandados de Injunção 670/ES, 708/DF e 712/PA.

Isso posto, indefiro o pedido de medida liminar, sem prejuízo da análise de mérito no presente caso.

Ouça-se a Procuradoria-Geral da República.

Publique-se".[15]

1.2. Servidor público[16]

Tema altamente polêmico, carente de regulamentação efetiva, norma programática e que nunca ensejou qualquer espécie de efetiva punição a quem entendia como sendo autoaplicável, a greve de servidor público no Brasil sempre foi praticada, nunca foi punida e sempre precisou de uma norma que tratasse de sua atividade com vistas a garantir os interesses da sociedade.

---

[15] **RCL 5.798-DF, de 21.2.2008** (Conselho Federal da Ordem dos Advogados do Brasil vs. Juíza Federal da 16ª Vara da Seção Judiciária do Distrito Federal (Prof. n. 2008.34.00.002476-7) Interessados: União, Associação Nacional dos Membros das Carreiras da Advocacia-Geral da União — ANAJUR, Associação Nacional dos Procuradores Federais — ANPAF, Associação Nacional dos Procuradores Federais da Previdência Social — ANPPREV, Associação Nacional dos Advogados da União — ANAUNI, Associação Nacional dos Defensores Públicos da União — ANDPU, Associação Nacional dos Procuradores Federais do Rio de Janeiro — APAFERJ, Associação Nacional dos Procuradores do Banco Central do Brasil — APBC, Sindicato Nacional dos Procuradores da Fazenda Nacional — SINPROFAZ, União dos Advogados Públicos Federais do Brasil — UNAFE). Rel.: Min. Ricardo Lewandowski (DJ n. 35, de 28.2.2008.)

[16] Sobre exercício de greve pelo servidor público, v., nesta coletânea, v. 2, p. 90; v. 6, p. 59; v. 7, p. 41; v. 9, p. 110 e v. 10, p. 69.

Mandados de injunção foram impetrados perante o STF, mas nunca a medida foi deferida, considerando a existência de inúmeros projetos de lei em tramitação no Parlamento.

Assinalei, anteriormente, pela impossibilidade do exercício desse direito previsto no n. VII do art. 37 da Constituição, quer antes (carecia de lei complementar), quer após a Emenda Constitucional n. 19, de 4.6.1998 (dependendo de lei específica). Esta inclusive foi a posição da Suprema Corte até o ano passado.

É que, a partir de 2008, passou o Excelso Pretório a, suprindo a omissão legislativa, determinar a aplicação, no que couber, das Leis ns. 7.703/89 e 7.701/88, com o que, *data venia*, não concordo, porque entendo tratar-se de norma própria para relações privadas de trabalho.

Inicialmente, o Min. Joaquim Barbosa, examinando pedido no MI 817-5-DF, indeferiu a liminar pedida. O noticiário é o seguinte:

"O ministro Joaquim Barbosa, do Supremo Tribunal Federal (STF), indeferiu a liminar no Mandado de Injunção (MI) 817, impetrado na Corte pelo Sindicato dos Servidores da Justiça do estado de Goiás (Sindjustiça). Na ação, o sindicato contesta a demora do Congresso Nacional em regulamentar o direito de greve aos servidores públicos e requer a aplicação da legislação existente (Leis 7.703/89 e 7.701/88).

Caso

No último dia 15 de março, os servidores reuniram-se em assembleia e decidiram paralisar os trabalhos 'em protesto contra o não pagamento das ações judiciais ganhas do Sindjustiça em prol de seus filiados' e, também, para reivindicarem melhorias de plano de cargos e salários da categoria. Informado sobre a paralisação, o presidente do Tribunal de Justiça de Goiás teria ameaçado cortar o ponto de quem aderisse à greve.

A Constituição Federal prevê no artigo 37, inciso VII, o direito de greve aos servidores públicos e determina a criação de lei que regulamente esse direito, hoje, conferido aos trabalhadores da iniciativa privada pela Lei geral de greve (7.783/ 1989). De acordo com o sindicato, o artigo 6º, parágrafo 2º, da referida lei, 'concede aos grevistas o impedimento de o empregador adotar meios de constrangimento que visem impedir o exercício do direito de greve'.

Na liminar, os servidores do judiciário goiano pediram a aplicação da Lei 7.783/89 'inclusive no que se refere à solução dos conflitos em decorrência dela', e a declaração da demora do Congresso Nacional em regulamentar o direito de greve.

Decisão

O relator, Joaquim Barbosa, seguindo entendimento da Corte, indeferiu o pedido de liminar no MI 817. 'A orientação predominante firmada por esta Corte é no sentido do não cabimento da antecipação de tutela em sede de mandado de injunção', explicou o ministro".[17]

O despacho negando a liminar tem o seguinte teor:

"Trata-se de mandado de injunção impetrado pelo Sindicato dos Servidores da Justiça do Estado de Goiás (SINDJUSTIÇA) em face de mora do Congresso Nacional e do Presidente do Tribunal de Justiça do Estado de Goiás. Pretende o Impetrante: (i) declarar mora do Congresso Nacional em regulamentar o direito à greve dos servidores públicos; e (ii) assegurar a aplicação das Leis ns. 7.783/89 e 7.701/88, em face da ausência legislativa quanto ao direito de greve dos servidores públicos. (fls. 10)

Pede-se a concessão de medida liminar para determinar ao Presidente do Tribunal de justiça do Estado de Goiás que se abstenha (i) de adotar meios constrangedores que impeçam os servidores daquele órgão de exercer o direito de greve; (ii) de descontar dias parados e os seus efeitos, como o benefício da progressão horizontal dos servidores grevistas. Pleiteia-se, ainda, para o fim de antecipação de tutela, a suspensão dos efeitos do Ofício Circular n. 006/DGPR. (fls. 11)

É o relatório.

Decido o pedido de medida liminar.

---

[17] Disponível em: <http://www.stf.jus.br/portal/cms/verNoticiaDetalhe.asp?idConteudo=87787&caixaBusca=N>. MI-817-5-DF, de 17.4.2008 (Sindicato dos Servidores da Justiça do Estado de Goiás — SINDJUSTIÇA *vs.* Congresso Nacional e Presidente do Tribunal de Justiça do Estado de Goiás) Rel.: Min. Joaquim Barbosa.

A orientação predominante firmada por esta Corte é no sentido do não cabimento da antecipação de tutela em sede de mandado de injunção.

Confira-se, nesse sentido, a AC 124-AgR (rel. min. Marco Aurélio, Pleno, DJ de 23.09.2004), MI 709 (rel. min. Joaquim Barbosa, DJ de 1.02.2008), MI 701 (rel. min. Marco Aurélio, DJ de 20.05.2004), MI 692 (rel. min. Carlos Britto, DJ de 15.10.2003), MI 652 (rel. min. Ellen Gracie, DJ de 26.10.2001), v.g.

Do exposto, indefiro o pedido de medida liminar.

Solicitem-se informações às Impetradas. Recebidas as informações, abra-se vista dos autos ao Procurador-Geral da República.

Publique-se".[18]

Após, julgou o Pleno da Corte os MIs 670-9-ES e 708-0-DF, a 25.10.2007, cabendo ao Min. Gilmar Mendes prolatar os acórdãos. A decisão de ambos os julgados é a seguinte:

"MANDADO DE INJUNÇÃO. GARANTIA FUNDAMENTAL (CF, ART. 5º, INCISO LXXI). DIREITO DE GREVE DOS SERVIDORES PÚBLICOS CIVIS (CF, ART. 37, INCISO VII). EVOLUÇÃO DO TEMA NA JURISPRUDÊNCIA DO SUPREMO TRIBUNAL FEDERAL (STF). DEFINIÇÃO DOS PARÂMETROS DE COMPETÊNCIA CONSTITUCIONAL PARA APRECIAÇÃO NO ÂMBITO DA JUSTIÇA FEDERAL E DA JUSTIÇA ESTADUAL ATÉ A EDIÇÃO DA LEGISLAÇÃO ESPECÍFICA PERTINENTE, NOS TERMOS DO ART. 37, VII, DA CF. EM OBSERVÂNCIA AOS DITAMES DA SEGURANÇA JURÍDICA E À EVOLUÇÃO JURISPRUDENCIAL NA INTERPRETAÇÃO DA OMISSÃO LEGISLATIVA SOBRE O DIREITO DE GREVE DOS SERVIDORES PÚBLICOS CIVIS, FIXAÇÃO DO PRAZO DE 60 (SESSENTA) DIAS PARA QUE O CONGRESSO NACIONAL LEGISLE SOBRE A MATÉRIA. MANDADO DE INJUNÇÃO DEFERIDO PARA DETERMINAR A APLICAÇÃO DAS LEIS NS. 7.701/1988 E 7.783/1989.

---

[18] DJ n. 76, de 29.4.2008, p. 73.

1. SINAIS DE EVOLUÇÃO DA GARANTIA FUNDAMENTAL DO MANDADO DE INJUNÇÃO NA JURISPRUDÊNCIA DO SUPREMO TRIBUNAL FEDERAL (STF).
1.1. No julgamento do MI n. 107/DF, Rel. Min. Moreira Alves, DJ 21.9.1990, o Plenário do STF consolidou entendimento que conferiu ao mandado de injunção os seguintes elementos operacionais: i) os direitos constitucionalmente garantidos por meio de mandado de injunção apresentam-se como direitos à expedição de um ato normativo, os quais, via de regra, não poderiam ser diretamente satisfeitos por meio de provimento jurisdicional do STF; ii) a decisão judicial que declara a existência de uma omissão inconstitucional constata, igualmente, a mora do órgão ou poder legiferante, insta-o a editar a norma requerida; iii) a omissão inconstitucional tanto pode referir-se a uma omissão total do legislador quanto a uma omissão parcial; iv) a decisão proferida em sede do controle abstrato de normas acerca da existência, ou não, de omissão é dotada de eficácia 'erga omnes', e não apresenta diferença significativa em relação a atos decisórios proferidos no contexto de mandado de injunção; iv) o STF possui competência constitucional para, na ação de mandado de injunção, determinar a suspensão de processos administrativos ou judiciais, com o intuito de assegurar ao interessado a possibilidade de ser contemplado por norma mais benéfica, ou que lhe assegure o direito constitucional invocado; v) por fim, esse plexo de poderes institucionais legitima que o STF determine a edição de outras medidas que garantam a posição do impetrante até a oportuna expedição de normas pelo legislador.

1.2. Apesar dos avanços proporcionados por essa construção jurisprudencial inicial, o STF flexibilizou a interpretação constitucional primeiramente fixada para conferir uma compreensão mais abrangente à garantia fundamental do mandado de injunção. A partir de uma série de precedentes, o Tribunal passou a admitir soluções 'normativas' para a decisão judicial como alternativa legítima de tornar a proteção judicial efetiva (CF, art. 5º, XXXV). Precedentes: MI n. 283, Rel. Min. Sepúlveda Pertence, DJ 14.11.1991; MI n. 232/RJ, Rel. Min. Moreira Alves, DJ 27.3.1992; MI n. 284, Rel. Min. Marco Aurélio, Red.

para o acórdão Min. Celso de Mello, DJ 26.6.1992; MI n. 543/ DF, Rel. Min. Octavio Gallotti, DJ 24.5.2002; MI n. 679/DF, Rel. Min. Celso de Mello, DJ 17.12.2002; e MI n. 562/DF, Rel. Min. Ellen Gracie, DJ 20.6.2003.

2. O MANDADO DE INJUNÇÃO E O DIREITO DE GREVE DOS SERVIDORES PÚBLICOS CIVIS NA JURISPRUDÊNCIA DO STF.

2.1. O tema da existência, ou não, de omissão legislativa quanto à definição das possibilidades, condições e limites para o exercício do direito de greve por servidores públicos civis já foi, por diversas vezes, apreciado pelo STF. Em todas as oportunidades, esta Corte firmou o entendimento de que o objeto do mandado de injunção cingir-se-ia à declaração da existência, ou não, de mora legislativa para a edição de norma regulamentadora específica. Precedentes: MI n. 20/DF, Rel. Min. Celso de Mello, DJ 22.11.1996; MI n. 585/TO, Rel. Min. Ilmar Galvão, DJ 2.8.2002; e MI n. 485/MT, Rel. Min. Maurício Corrêa, DJ 23.8.2002.

2.2. Em alguns precedentes (em especial, no voto do Min. Carlos Velloso, proferido no julgamento do MI n. 631/MS, Rel. Min. Ilmar Galvão, DJ 2.8.2002), aventou-se a possibilidade de aplicação aos servidores públicos civis da lei que disciplina os movimentos grevistas no âmbito do setor privado (Lei n. 7.783/ 1989).

3. DIREITO DE GREVE DOS SERVIDORES PÚBLICOS CIVIS. HIPÓTESE DE OMISSÃO LEGISLATIVA INCONSTITUCIONAL. MORA JUDICIAL, POR DIVERSAS VEZES, DECLARADA PELO PLENÁRIO DO STF. RISCOS DE CONSOLIDAÇÃO DE TÍPICA OMISSÃO JUDICIAL QUANTO À MATÉRIA. A EXPERIÊNCIA DO DIREITO COMPARADO. LEGITIMIDADE DE ADOÇÃO DE ALTERNATIVAS NORMATIVAS E INSTITUCIONAIS DE SUPERAÇÃO DA SITUAÇÃO DE OMISSÃO.

3.1. A permanência da situação de não regulamentação do direito de greve dos servidores públicos civis contribui para a ampliação da regularidade das instituições de um Estado democrático de Direito (CF, art. 1º). Além de o tema envolver uma série de questões estratégicas e orçamentárias diretamente relacionadas aos serviços públicos, a ausência de parâmetros jurídicos de controle dos abusos cometidos na deflagração desse tipo específico de movimento grevista tem favorecido que o legítimo exercício de direitos constitucionais seja afastado por uma verdadeira 'lei da selva'.

3.2. Apesar das modificações implementadas pela Emenda Constitucional n. 19/1998 quanto à modificação da reserva legal de lei complementar para a de lei ordinária específica (CF, art. 37, VII), observa-se que o direito de greve dos servidores públicos civis continua sem receber tratamento legislativo minimamente satisfatório para garantir o exercício dessa prerrogativa em consonância com imperativos constitucionais.

3.3. Tendo em vista as imperiosas balizas jurídico-políticas que demandam a concretização do direito de greve a todos os trabalhadores, o STF não pode se abster de reconhecer que, assim como o controle judicial deve incidir sobre a atividade do legislador, é possível que a Corte Constitucional atue também nos casos de inatividade ou omissão do Legislativo.

3.4. A mora legislativa em questão já foi, por diversas vezes, declarada na ordem constitucional brasileira. Por esse motivo, a permanência dessa situação de ausência de regulamentação do direito de greve dos servidores públicos civis passa a invocar, para si, os riscos de consolidação de uma típica omissão judicial.

3.5. Na experiência do direito comparado (em especial, na Alemanha e na Itália), admite-se que o Poder Judiciário adote medidas normativas como alternativa legítima de superação de omissões inconstitucionais, sem que a proteção judicial efetiva a direitos fundamentais se configure como ofensa ao modelo de separação de poderes (CF, art. 2º).

4. DIREITO DE GREVE DOS SERVIDORES PÚBLICOS CIVIS. REGULAMENTAÇÃO DA LEI DE GREVE DOS TRABALHADORES EM GERAL (LEI N. 7.783/1989). FIXAÇÃO DE PARÂMETROS DE CONTROLE JUDICIAL DO EXERCÍCIO DO DIREITO DE GREVE PELO LEGISLADOR INFRACONSTITUCIONAL.

4.1. A disciplina do direito de greve para os trabalhadores em geral, quanto às 'atividades essenciais', é especificamente *delineada nos arts. 9º a 11 da Lei n. 7.783/1989. Na hipótese de aplicação dessa legislação geral ao caso específico do direito de greve dos servidores públicos, antes de tudo, afigura-se inegável o conflito existente entre as necessidades mínimas de legislação para o exercício do direito de greve dos servidores públicos civis (CF, art. 9º, <u>caput</u>, c/c art. 37, VII), de um lado, e o direito a serviços públicos adequados e prestados de forma contínua a todos os cidadãos (CF, art. 9º, § 1º), de outro. Evidentemente, não se outorgaria ao legislador qualquer poder discricionário quanto à edição, ou não, da lei disciplinadora do direito de greve. O legislador poderia adotar um modelo mais ou menos rígido, mais ou menos restritivo do direito de greve no âmbito do serviço público, mas não poderia deixar de reconhecer direito previamente definido pelo texto da Constituição. Considerada a evolução jurisprudencial do tema perante o STF, em sede do mandado de injunção, não se pode atribuir amplamente ao legislador a última palavra acerca da concessão, ou não, do direito de greve dos servidores públicos civis, sob pena de se esvaziar direito fundamental positivado. Tal premissa, contudo, não impede que, futuramente, o legislador infraconstitucional confira novos contornos acerca da adequada configuração da disciplina desse direito constitucional.*

4.2. Considerada a omissão legislativa alegada na espécie, seria o caso de se acolher a pretensão, tão somente no sentido de que se aplique a Lei n. 7.783/1989 enquanto a omissão não for devidamente regulamentada por lei específica para os servidores públicos civis (CF, art. 37, VII).

4.3. Em razão dos imperativos da continuidade dos serviços públicos, contudo, não se pode afastar que, de acordo com as peculiaridades de cada caso concreto e mediante solicitação de entidade ou órgão legítimo, seja facultado ao tribunal competente impor a observância a regime de greve mais severo em razão de tratar-se de 'serviços ou atividades essenciais', nos termos do regime fixado pelos arts. 9º a 11 da Lei n. 7.783/ 1989. Isso ocorre porque não se pode deixar de cogitar dos riscos decorrentes das possibilidades de que a regulação dos serviços públicos que tenham características afins a esses 'serviços ou atividades essenciais' seja menos severa que a disciplina dispensada aos serviços privados ditos 'essenciais'.

4.4. O sistema de judicialização do direito de greve dos servidores públicos civis está aberto para que outras atividades sejam submetidas a idêntico regime. Pela complexidade e variedade dos serviços públicos e atividades estratégicas típicas do Estado, há outros serviços públicos, cuja essencialidade não está contemplada pelo rol dos arts. 9º a 11 da Lei n. 7.783/1989. Para os fins desta decisão, a enunciação do regime fixado pelos arts. 9º a 11 da Lei n. 7.783/1989 é apenas exemplificativa ('numerus apertus').

5. O PROCESSAMENTO E O JULGAMENTO DE EVENTUAIS DISSÍDIOS DE GREVE QUE ENVOLVAM SERVIDORES PÚBLICOS CIVIS DEVEM OBEDECER AO MODELO DE COMPETÊNCIAS E ATRIBUIÇÕES APLICÁVEL AOS TRABALHADORES EM GERAL (CELETISTAS), NOS TERMOS DA REGULAMENTAÇÃO DA LEI N. 7.783/1989. A APLICAÇÃO COMPLEMENTAR DA LEI N. 7.701/1988 VISA À JUDICIALIZAÇÃO DOS CONFLITOS QUE ENVOLVAM OS SERVIDORES PÚBLICOS CIVIS NO CONTEXTO DO ATENDIMENTO DE ATIVIDADES RELACIONADAS A NECESSIDADES INADIÁVEIS DA COMUNIDADE QUE, SE NÃO ATENDIDAS, COLOQUEM 'EM PERIGO IMINENTE A SOBREVIVÊNCIA, A SAÚDE OU A SEGURANÇA DA POPULAÇÃO' (LEI N. 7.783/1989, PARÁGRAFO ÚNICO, ART. 11).

5.1. Pendência do julgamento de mérito da ADI n. 3.395/DF, Rel. Min. Cezar Peluso, na qual se discute a competência constitucional para a apreciação das 'ações oriundas da relação de trabalho, abrangidos os entes de direito público externo e da administração pública direta e indireta da União, dos Estados, do Distrito Federal e dos Municípios' (CF, art. 114, I, na redação conferida pela EC n. 45/2004).

5.2. Diante da singularidade do debate constitucional do direito de greve dos servidores públicos civis, sob pena de injustificada e inadmissível negativa de prestação jurisdicional nos âmbitos federal, estadual e municipal, devem-se fixar também os parâmetros institucionais e constitucionais de definição de competência, provisória e ampliativa, para a apreciação de dissídios de greve instaurados entre o Poder Público e os servidores públicos civis.

5.3. No plano procedimental, afigura-se recomendável aplicar ao caso concreto a disciplina da Lei n. 7.701/1988 (que versa sobre especialização das turmas dos Tribunais do Trabalho em processos coletivos), no que tange à competência para apreciar e julgar eventuais conflitos judiciais referentes à greve de servidores públicos que sejam suscitados até o momento de colmatação legislativa específica da lacuna ora declarada, nos termos do inciso VII do art. 37 da CF.

5.4. A adequação e a necessidade da definição dessas questões de organização e procedimento dizem respeito a elementos de fixação de competência constitucional de modo a assegurar, a um só tempo, a possibilidade e, sobretudo, os limites ao exercício do direito constitucional de greve dos servidores públicos, e a continuidade na prestação dos serviços públicos. Ao adotar essa medida, este Tribunal passa a assegurar o direito de greve constitucionalmente garantido no art. 37, VII, da Constituição Federal, sem desconsiderar a garantia da continuidade de prestação de serviços públicos — um elemento fundamental para a preservação do interesse público em áreas que são extremamente demandadas pela sociedade.

6. DEFINIÇÃO DOS PARÂMETROS DE COMPETÊNCIA CONSTITUCIONAL PARA APRECIAÇÃO DO TEMA NO ÂMBITO DA JUSTIÇA FEDERAL E DA JUSTIÇA ESTADUAL ATÉ A EDIÇÃO DA LEGISLAÇÃO ESPECÍFICA PERTINENTE, NOS TERMOS DO ART. 37, VII, DA CF. FIXAÇÃO DO PRAZO DE 60 (SESSENTA) DIAS PARA QUE O CONGRESSO NACIONAL LEGISLE SOBRE A MATÉRIA. MANDADO DE INJUNÇÃO DEFERIDO PARA DETERMINAR A APLICAÇÃO DAS LEIS NS. 7.701/1988 E 7.783/1989.

6.1. Aplicabilidade aos servidores públicos civis da Lei n. 7.783/1989, sem prejuízo de que, diante do caso concreto e mediante solicitação de entidade ou órgão legítimo, seja facultado ao juízo competente a fixação de regime de greve mais severo, em razão de tratarem de 'serviços ou atividades essenciais' (Lei n. 7.783/1989, arts. 9º a 11).

6.2. Nessa extensão do deferimento do mandado de injunção, aplicação da Lei n. 7.701/1988, no que tange à competência para apreciar e julgar eventuais conflitos judiciais re-

ferentes à greve de servidores públicos que sejam suscitados até o momento de colmatação legislativa específica da lacuna ora declarada, nos termos do inciso VII do art. 37 da CF.

6.3. Até a devida disciplina legislativa, devem-se definir as situações provisórias de competência constitucional para a apreciação desses dissídios no contexto nacional, regional, estadual e municipal. Assim, nas condições acima especificadas, se a paralisação for de âmbito nacional, ou abranger mais de uma região da justiça federal, ou, ainda, compreender mais de uma unidade da federação, a competência para o dissídio de greve será do Superior Tribunal de Justiça (por aplicação analógica do art. 2º, I, 'a', da Lei n. 7.701/1988). Ainda no âmbito federal, se a controvérsia estiver adstrita a uma única região da justiça federal, a competência será dos Tribunais Regionais Federais (aplicação analógica do art. 6º da Lei n. 7.701/1988). Para o caso da jurisdição no contexto estadual ou municipal, se a controvérsia estiver adstrita a uma unidade da federação, a competência será do respectivo Tribunal de Justiça (também por aplicação analógica do art. 6º da Lei n. 7.701/1988). As greves de âmbito local ou municipal serão dirimidas pelo Tribunal de Justiça ou Tribunal Regional Federal com jurisdição sobre o local da paralisação, conforme se trate de greve de servidores municipais, estaduais ou federais.

6.4. Considerados os parâmetros acima delineados, a par da competência para o dissídio de greve em si, no qual se discuta a abusividade, ou não, da greve, os referidos tribunais, nos âmbitos de sua jurisdição, serão competentes para decidir acerca do mérito do pagamento, ou não, dos dias de paralisação em consonância com a excepcionalidade de que esse juízo se reveste. Nesse contexto, nos termos do art. 7º da Lei n. 7.783/1989, a deflagração da greve, em princípio, corresponde à suspensão do contrato de trabalho. Como regra geral, portanto, os salários dos dias de paralisação não deverão ser pagos, salvo no caso em que a greve tenha sido provocada justamente por atraso no pagamento aos servidores públicos civis, ou por outras situações excepcionais que justifiquem o afastamento da premissa da suspensão do contrato de trabalho (art. 7º da Lei n. 7.783/1989, in fine*).*

6.5. Os tribunais mencionados também serão competentes para apreciar e julgar medidas cautelares eventualmente incidentes relacionadas ao exercício do direito de greve dos servidores públicos civis, tais como: i) aquelas nas quais se postule a preservação do objeto da querela judicial, qual seja, o percentual mínimo de servidores públicos que deve continuar trabalhando durante o movimento paredista, ou mesmo a proibição de qualquer tipo de paralisação; ii) os interditos possessórios para a desocupação de dependências dos órgãos públicos eventualmente tomados por grevistas; e iii) as demais medidas cautelares que apresentem conexão direta com o dissídio coletivo de greve.

6.6. Em razão da evolução jurisprudencial sobre o tema da interpretação da omissão legislativa do direito de greve dos servidores públicos civis e em respeito aos ditames de segurança jurídica, fixa-se o prazo de 60 (sessenta) dias para que o Congresso Nacional legisle sobre a matéria.

6.7. Mandado de injunção conhecido e, no mérito, deferido para, nos termos acima especificados, determinar a aplicação das Leis ns. 7.701/1988 e 7.783/1989 aos conflitos e às ações judiciais que envolvam a interpretação do direito de greve dos servidores públicos civis".[19]

Na mesma linha, o STF decidiu o **MI 712-8-PA,** sendo relator o Min. Eros Grau, **a 25.10.2007.** A ementa do aresto é a seguinte:

"MANDADO DE INJUNÇÃO. ART. 5º, LXXI, DA CONSTITUIÇÃO DO BRASIL. CONCESSÃO DE EFETIVIDADE À NORMA VEICULADA PELO ARTIGO 37, INCISO VII, DA CONSTITUIÇÃO DO BRASIL. LEGITIMIDADE ATIVA DE ENTIDADE

---

[19] MI 670-9-ES, de 25.10.2007 (Sindicato dos Servidores Policiais Civis do Estado do Espírito Santo — SINDPOL *vs.* Congresso Nacional). Relator para o Acórdão: Min. Gilmar Mendes (DJ n. 206, de 31.10.2008, pp. 1.7); MI 708-0-DF, de 25.10.2007 (SINTEM — Sindicato dos Trabalhadores em Educação do Município de João Pessoa *vs.* Congresso Nacional). Rel.: Min. Gilmar Mendes (DJ n. 206, de 31.10.2008, pp. 207-12). Acerca desses dois julgados, v., nesta coletânea, v. 11, pp. 80 e 81

SINDICAL. GREVE DOS TRABALHADORES EM GERAL [ART. 9º DA CONSTITUIÇÃO DO BRASIL]. APLICAÇÃO DA LEI FEDERAL N. 7.783/89 À GREVE NO SERVIÇO PÚBLICO ATÉ QUE SOBREVENHA LEI REGULAMENTADORA. PARÂMETROS CONCERNENTES AO EXERCÍCIO DO DIREITO DE GREVE PELOS SERVIDORES PÚBLICOS DEFINIDOS POR ESTA CORTE. CONTINUIDADE DO SERVIÇO PÚBLICO. GREVE NO SERVIÇO PÚBLICO. ALTERAÇÃO DE ENTENDIMENTO ANTERIOR QUANTO À SUBSTÂNCIA DO MANDADO DE INJUNÇÃO. PREVALÊNCIA DO INTERESSE SOCIAL. INSUBSISTÊNCIA DO ARGUMENTO SEGUNDO O QUAL DAR-SE-IA OFENSA À INDEPENDÊNCIA E HARMONIA ENTRE OS PODERES [ART. 2O DA CONSTITUIÇÃO DO BRASIL] E À SEPARAÇÃO DOS PODERES [ART. 60, § 4º, III, DA CONSTITUIÇÃO DO BRASIL]. INCUMBE AO PODER JUDICIÁRIO PRODUZIR A NORMA SUFICIENTE PARA TORNAR VIÁVEL O EXERCÍCIO DO DIREITO DE GREVE DOS SERVIDORES PÚBLICOS, CONSAGRADO NO ARTIGO 37, VII, DA CONSTITUIÇÃO DO BRASIL.

1. O acesso de entidades de classe à via do mandado de injunção coletivo é processualmente admissível, desde que legalmente constituídas e em funcionamento há pelo menos um ano.

2. A Constituição do Brasil reconhece expressamente possam os servidores públicos civis exercer o direito de greve — artigo 37, inciso VII. A Lei n. 7.783/89 dispõe sobre o exercício do direito de greve dos trabalhadores em geral, afirmado pelo artigo 9º da Constituição do Brasil. Ato normativo de início inaplicável aos servidores públicos civis.

3. O preceito veiculado pelo artigo 37, inciso VII, da CB/88 exige a edição de ato normativo que integre sua eficácia. Reclama-se, para fins de plena incidência do preceito, atuação legislativa que dê concreção ao comando positivado no texto da Constituição.

4. Reconhecimento, por esta Corte, em diversas oportunidades, de omissão do Congresso Nacional no que respeita ao dever, que lhe incumbe, de dar concreção ao preceito constitucional. Precedentes.

5. Diante de mora legislativa, cumpre ao Supremo Tribunal Federal decidir no sentido de suprir omissão dessa ordem. Esta Corte não se presta, quando se trate da apreciação de mandados de injunção, a emitir decisões desnutridas de eficácia.

6. A greve, poder de fato, é a arma mais eficaz de que dispõem os trabalhadores visando à conquista de melhores condições de vida. Sua autoaplicabilidade é inquestionável; trata-se de direito fundamental de caráter instrumental.

7. A Constituição, ao dispor sobre os trabalhadores em geral, não prevê limitação do direito de greve: a eles compete decidir sobre a oportunidade de exercê-lo e sobre os interesses que devam por meio dela defender. Por isso a lei não pode restringi-lo, senão protegê-lo, sendo constitucionalmente admissíveis todos os tipos de greve.

8. Na relação estatutária do emprego público não se manifesta tensão entre trabalho e capital, tal como se realiza no campo da exploração da atividade econômica pelos particulares. Neste, o exercício do poder de fato, a greve, coloca em risco os interesses egoísticos do sujeito detentor de capital — indivíduo ou empresa — que, em face dela, suporta, em tese, potencial ou efetivamente redução de sua capacidade de acumulação de capital. Verifica-se, então, oposição direta entre os interesses dos trabalhadores e os interesses dos capitalistas. Como a greve pode conduzir à diminuição de ganhos do titular de capital, os trabalhadores podem em tese vir a obter, efetiva ou potencialmente, algumas vantagens mercê do seu exercício. O mesmo não se dá na relação estatutária, no âmbito da qual, em tese, aos interesses dos trabalhadores não correspondem, antagonicamente, interesses individuais, senão o interesse social. A greve no serviço público não compromete, diretamente, interesses egoísticos do detentor de capital, mas sim os interesses dos cidadãos que necessitam da prestação do serviço público.

9. A norma veiculada pelo artigo 37, VII, da Constituição do Brasil reclama regulamentação, a fim de que seja adequadamente assegurada a coesão social.

10. A regulamentação do exercício do direito de greve pelos servidores públicos há de ser peculiar, mesmo porque 'serviços ou atividades essenciais' e 'necessidades inadiáveis da coletividade' não se superpõem a 'serviços públicos'; e vice-versa.

11. Daí porque não deve ser aplicado ao exercício do direito de greve no âmbito da Administração tão somente o disposto na Lei n. 7.783/89. A esta Corte impõe-se traçar os parâmetros atinentes a esse exercício.

12. O que deve ser regulado, na hipótese dos autos, é a coerência entre o exercício do direito de greve pelo servidor público e as condições necessárias à coesão e interdependência social, que a prestação continuada dos serviços públicos assegura.

13. O argumento de que a Corte estaria então a legislar — o que se afiguraria inconcebível, por ferir a independência e harmonia entre os poderes [art. 2º da Constituição do Brasil] e a separação dos poderes [art. 60, § 4º, III] — é insubsistente.

14. O Poder Judiciário está vinculado pelo dever-poder de, no mandado de injunção, formular supletivamente a norma regulamentadora de que carece o ordenamento jurídico.

15. No mandado de injunção o Poder Judiciário não define norma de decisão, mas enuncia o texto normativo que faltava para, no caso, tornar viável o exercício do direito de greve dos servidores públicos.

16. Mandado de injunção julgado procedente, para remover o obstáculo decorrente da omissão legislativa e, supletivamente, tornar viável o exercício do direito consagrado no artigo 37, VII, da Constituição do Brasil".[20]

---

[20] **MIN. 712-8-PA**, de 25.10.2007 (Sindicato dos Trabalhadores do Poder Judiciário do Estado do Pará — SINJEP *vs.* Congresso Nacional). Rel.: Min. Eros Grau (DJ n. 206, de 31.10.2008, pp. 1-3).
Acerca desse julgado, v., nesta coletânea, v. 11, p. 80.

1.3. Policial civil

Como todo trabalhador, também o policial civil pretende grevar. Esse direito, todavia, não lhe foi reconhecido pelo STF. A notícia acerca da **Rcl 6.568-5-SP**, julgada pelo Min. Eros Grau, em 12.11.2008, registra:

> *"O ministro Eros Grau, do Supremo Tribunal Federal (STF), decidiu que o direito de greve não se aplica aos policiais civis, no caso de São Paulo. Assim, cabe à Administração estadual, 'desde logo, prover no sentido do restabelecimento pleno da prestação dos serviços'. A decisão do ministro será submetida a referendo do Plenário em questão de ordem na Reclamação 6568.*
>
> *Ao analisar petição apresentada pelo estado de São Paulo, o ministro cassou hoje liminar anteriormente concedida por ele, em setembro, que mantinha decisão do Tribunal Regional do Trabalho da 2ª Região no sentido de garantir o efetivo de 80% dos policiais em exercício. Com a decisão do ministro, 100% do efetivo deve estar em atividade. Permanece suspenso, no entanto, o trâmite do dissídio na Justiça trabalhista, até que o Supremo analise o mérito da Reclamação e defina a quem cabe julgar a ação sobre o movimento grevista — se a Justiça comum ou a trabalhista.*
>
> *Na petição, o governo paulista afirmou que, frustradas as tentativas de negociação, o movimento grevista da Polícia Civil do Estado de São Paulo prossegue. Afirmou, ainda, que caberia ao Supremo analisar a legitimidade da greve dos policiais.*
>
> *Sobre esse ponto, o ministro Eros Grau, relator do caso, afirmou que 'não compete ao STF decidir sobre a legitimidade do movimento grevista deflagrado pelos policiais civis do Estado de São Paulo, mas sim à Justiça local'".*[21]

---

[21] Disponível em: <http://www.stf.jus.br/portal/cms/verNoticiaDetalhe.asp?idConteudo=98960&caixaBusca=N>.

O *decisum,* na íntegra, é o seguinte:

"Junte-se.

2. Trata-se de reclamação, com pedido de medida liminar, proposta pelo Estado de São Paulo contra ato da Vice-Presidente Judicial Regimental do Tribunal Regional do Trabalho da 2ª Região nos autos do Dissídio Coletivo de Greve n. 20199.2008.000.02.00-7 e do Relator da Medida Cautelar n. 814.597-5/1-00, em curso perante o Tribunal de Justiça do Estado de São Paulo.

3. O reclamante afirmou que a primeira autoridade, ao examinar o dissídio coletivo, deferindo, inclusive pedido de medida liminar, afrontou a autoridade do acórdão prolatado por esta Corte na ADI n. 3.395. Alegou que a segunda autoridade reclamada violou também a decisão prolatada na ADI n. 3.395, pois reconheceu-se incompetente para a análise de processo referente ao dissídio coletivo mencionado e encaminhou os autos ao Tribunal Regional do Trabalho da 2ª Região.

4. O reclamante sustentou que os atos judiciais seriam adversos a decisão deste Tribunal, vez que é claro o afastamento da competência da Justiça do Trabalho para dirimir os conflitos decorrentes das relações travadas entre os contratados temporariamente e os entes da Administração aos quais estão vinculados.

5. Em exame preliminar, deferi o pedido de medida liminar: (i) suspender o trâmite do Dissídio Coletivo de Greve n. 20199.2008.000.02.00-7, em curso perante o Tribunal Regional do Trabalho da 2ª Região, até o julgamento final desta reclamação; (ii) manter a liminar concedida pelo TRT 2ª Região, em que foi determinada a continuidade dos serviços e a manutenção de 80% [oitenta por cento] do efetivo dos profissionais da Polícia Civil do Estado de São Paulo [decisão de fls. 340/342].

6. O reclamante suscita nesta petição questão de ordem. Alega que frustradas as tentativas de negociação, o movimento grevista da Polícia Civil do Estado de São Paulo prossegue. Afirma que 'a autoridade judicial a quem competir examinar o 'dissídio coletivo' deverá ter a orientação dessa C. Corte sobre como aplicar a lei de greve — destinada a empregados do setor privado — aos ocupantes de carreiras de estado que exercem funções públicas essenciais'. Afirma caber a esta Corte a apreciação da legitimidade do movimento grevista iniciado pela Polícia Civil paulista.

7. É o relatório. Decido.

8. Não compete ao Supremo Tribunal Federal decidir sobre a legitimidade do movimento grevista deflagrado pelos policiais civis do Estado de São Paulo, mas sim à Justiça local. Não obstante, a gravidade da situação relatada pelo Procurador-Geral do Estado de São Paulo — situação que consubstancia fato notório, noticiado fartamente pela mídia — reclama imediata manifestação desta Corte.

9. Lê-se na ementa do MI n. 712:

> '[...]
>
> 12. O que deve ser regulado, na hipótese dos autos, é a coerência entre o exercício do direito de greve pelo servidor público e as condições necessárias à coesão e interdependência social, que a prestação continuada dos serviços públicos assegura'.

10. Observei no voto que proferi nesse julgamento que 'serviços ou atividades essenciais' e 'necessidades inadiáveis da coletividade' não se superpõem a 'serviços públicos'; e vice-versa; trata-se aí de atividades próprias do setor privado, de um lado — ainda que essenciais, voltadas ao atendimento de necessidades inadiáveis da coletividade — e de atividades próprias do Estado, de outro. É certo, contudo, que entre os serviços públicos há alguns que a coesão social exige não deixem de ser prestados em sua totalidade. Refiro-me especialmente àqueles desenvolvidos por grupos armados. Assim os prestados pela polícia civil, que para este efeito ocupam posição análoga à dos militares, em relações aos quais a Constituição (art. 142, § 3º, IV) proíbe a greve.

11. É verdade que mantive, na reclamação, liminar que exigia que somente parte — 80% — do efetivo da polícia civil do Estado de São Paulo permaneça trabalhando. Isso foi, no

entanto, deliberado em apreciação liminar da reclamação. O conhecimento dos fatos me autoriza, todavia, a neste passo, explicitando o sentido do que foi decidido no MI n. 712, afirmar a insubsistência do direito de greve no que concerne aos policiais civis, do que resulta sua não aplicação a eles.

12. Essa afirmação deverá informar a autoridade judicial ao examinar o 'dissídio coletivo' e, desde logo, o proceder da Administração estadual, à qual incumbe prover no sentido do restabelecimento pleno da prestação dos serviços. Submeterei esta minha decisão ao referendo do Pleno desta Corte.

Casso a medida cautelar por mim anteriormente concedida [fls. 340/342], no que concerne à decisão liminar proferida pelo Tribunal Regional do Trabalho da 2ª Região nos autos do Dissídio Coletivo de Greve n. 201.992008.000.02.00-7. A decisão subsiste quanto aos demais aspectos.

Comunique-se com urgência.

Publique-se".[22]

---

[22] **Recl. 6568-5-SP, de 12.11.2008** (Estado de São Paulo *vs.* Vice-Presidente Judicial Regimental do Tribunal Regional do Trabalho da 2ª Região (Dissídio Coletivo de Greve n. 20199.2008.000.02.00-7) e Relator da Medida Cautelar n. 814.597/7-1-00 do Tribunal de Justiça do Estado de São Paulo. Interessados: Ministério Público do Trabalho e Sindicatos dos Delegados de Polícia do Estado de São Paulo, dos Trabalhadores em Telemática do Estado de São Paulo, da Polícia Civil de Mogi das Cruzes, da Polícia Civil de Campinas, da Polícia Civil de Sorocaba, da Polícia Civil de Ribeirão Preto, dos Escrivães de Polícia do Estado de São Paulo, dos Investigadores de Polícia do Estado de São Paulo e da Polícia Civil de Santos). Rel.: Min. Eros Grau (DJE n. 218, de 14.11.2008, p. 1).

2. INTERDITO PROIBITÓRIO

Um dos graves problemas do exercício do direito de greve é o que trata do abuso do seu exercício. Há, como sabido, abuso de direito *na* greve e abuso de direito *de* greve[23]. O interdito proibitório é um remédio que tem sido usado quando se constata a provável existência de abuso de direito praticado durante a greve: impedir o ingresso de pessoas no local de trabalho, ocupar o local de trabalho de modo a inviabilizar qualquer tipo de atividade, etc.

Empresas prestadoras de serviços públicos (distribuidoras de energia elétrica, coletoras de resíduos sólidos, transporte coletivo, estabelecimentos bancários) têm sido, com razoável frequência, sofrido esses problemas e recorrem ao interdito proibitório.

O decisório adiante, no **RE 579.648-5-MG**, que teve como prolatora do aresto a Min. Cármen Lúcia, a 10.9.2008, resolveu duas questões. A primeira, a garantia da possibilidade do uso do interdito proibitório em caso de greve. A segunda, a competência da Justiça do Trabalho para apreciar pedido dessa natureza.

A notícia a respeito é a seguinte:

> *"É da competência da Justiça do Trabalho o julgamento de interdito proibitório em que se busca garantir o livre acesso de funcionários e de clientes a agências bancárias sob o risco de serem interditadas em decorrência de movimento grevista. Com base nesse entendimento, o Tribunal, por maioria, proveu recurso extraordinário interposto pelo Sindicato dos Empregados em Estabelecimentos Bancários de Belo Horizonte contra acórdão do Tribunal de Justiça do Estado de Minas Gerais que entendera ser da competência da Justiça Comum o julgamento de ação de interdito proibitório ajuizado pela agência bancária*

---

[23] Sobre abusividade na greve, v., nesta coletânea, v. 2, p. 78; v. 3, p. 50.

recorrida. Considerou-se estar-se diante de ação que envolve o exercício do direito de greve, matéria afeta à competência da Justiça Trabalhista, a teor do disposto no art. 114, II, da CF. Asseverou-se tratar-se de um piquete, em que a obstrução, a ocupação, ocorrem como um ato relativo à greve. Vencido o Min. Menezes Direito, relator, que desprovia o recurso, por reputar ser da Justiça Comum a competência para julgar o feito, ao fundamento de que o pedido e a causa de pedir do interdito proibitório não envolveriam matéria que pudesse vincular o exercício do direito de greve à proteção do patrimônio. Alguns precedentes citados: CJ 6959/DF (DJU de 22.2.91); AI 611670/PR (DJU de 7.2.2007); AI 598457/SP (DJU de 10.11.2006); RE 238737/SP (DJU de 5.2.99)".[24]

---

[24] Disponível em: <http://www.stf.jus.br//arquivo/informativo/documento/informativo519.htm>. **RE 579.648-5-MG, de 10.09.2008** (Sindicato dos Empregados em Estabelecimentos Bancários de Belo Horizonte e Região *vs.* HSBC Bank Brasil S/A — Banco Múltiplo). Rel. Min. Cármen Lúcia (DJ n. 43, de 6.3.2009, p. 1534-5).

PARTE III

DIREITO PROCESSUAL

1. CONFLITO DE COMPETÊNCIA. SERVIDORES

O tema competência continua gerando muitas controvérsias. A decisão da Suprema Corte, afastando da Justiça do Trabalho as questões referentes aos servidores públicos regidos por regime administrativo, oriundo da ADIN 3.395-6-DF, não superou todos os temas, pela própria diversidade de relações que existe entre o Estado e os que lhe prestam serviço.

Com efeito, lamentavelmente, o Excelso Pretório tem decidido, sistematicamente e sem maiores discussões, que a Justiça do Trabalho é incompetente para todas as relações de trabalho que o Estado celebre. Embora, a rigor, sejam examinados aspectos do contrato, seja interpretada, na visão da Corte, a lei que poderá, quando for o caso, ter criado o cargo ou a função, o final do julgamento pode ser facilmente presumido, tal o majoritário entendimento firmado no seio do STF.

A seguir estão alguns exemplos. Todos pela incompetência da Justiça do Trabalho.

1.1. Servidor com regime especial

A hipótese a seguir é de servidor temporário, contratado em regime especial, na área de educação, com base em lei estadual. Foi reconhecido regime administrativo e competente a Justiça Estadual do Amazonas. Trata-se do CC-7.201-6-AM, julgado a 29.10.2008, tendo sido prolator do Acórdão o Min. Ricardo Lewandowski. A notícia a respeito assinala:

> *"Em conclusão de julgamento, o Tribunal, por maioria, conheceu de conflito negativo de competência, e declarou a competência da Justiça Estadual para julgar reclamação trabalhista proposta por servidor regido por regime especial (Lei estadual 1.674/84) contra o Estado do Amazonas — SEDUC —*

Secretaria de Estado da Educação e Qualidade do Ensino. Na espécie, o TST, ao analisar recurso de revista interposto contra acórdão que dera parcial provimento a recurso ordinário, declinara de sua competência para a Justiça Estadual, com base em sua Orientação Jurisprudencial 263 da SBDI ['A relação jurídica que se estabelece entre o Estado ou Município e o servidor contratado para exercer funções temporárias ou de natureza técnica, decorrente de lei especial, é de natureza administrativa, razão pela qual a competência é da justiça comum, até mesmo para apreciar a ocorrência de eventual desvirtuamento do regime especial (CF/1967, art. 106; CF/1988, art. 37, IX).'] — v. Informativo 429. Invocou-se o entendimento fixado pelo Supremo em vários precedentes no sentido de que a competência para julgar a controvérsia, que envolve servidor estadual regido por regime especial disciplinado por lei local editada com fundamento no art. 106 da Emenda Constitucional 1/69, é da Justiça Estadual. A Min. Ellen Gracie, em voto-vista, reportou-se a recentes pronunciamentos desta Corte (RE 573202/AM, j. em 20.8.2008; Rcl 5381/AM, DJE de 8.8.2008; CC 7514/AM, DJE de 11.10.2007), e, ainda, ao RE 367638/AM (DJU de 28.3.2003), reconhecendo que as admissões fundadas em lei disciplinadora do regime jurídico próprio dos servidores admitidos em caráter temporário, dado o caráter indisponível da contratação, atraem a competência da Justiça Comum para o seu julgamento. Vencidos os Ministros Marco Aurélio, relator, Sepúlveda Pertence e Cezar Peluso, que admitiam o conflito e assentavam a competência da Justiça Trabalhista para julgamento do feito. Os primeiros, ao fundamento de que a competência, no caso, haveria de ser definida a partir da pretensão deduzida pelo reclamante, qual seja, a existência de vínculo empregatício e as verbas trabalhistas dele decorrentes. O último, por defender que a competência da Justiça Trabalhista seria firmada quando da propositura da ação, aplicando-se, ao caso, a regra do art. 87 do CPC. Reformulou o voto proferido anteriormente o Min. Carlos Britto".[25]

---

[25] Cf. Informativo STF n. 526, de 31.10.2008, p. 2.

A ementa do julgado assinala:

> *"CONFLITO NEGATIVO DE COMPETÊNCIA. JUSTIÇA ESTADUAL E O TRIBUNAL SUPERIOR DO TRABALHO. RECLAMAÇÃO TRABALHISTA. SERVIDOR PÚBLICO. REGIME ESPECIAL DE DIREITO ADMINISTRATIVO. COMPETÊNCIA DA JUSTIÇA ESTADUAL.*
>
> *I — Compete à Justiça Estadual processar e julgar causas instauradas entre o Poder Público e seus servidores submetidos a regime especial disciplinado por lei local editada antes ou após a Constituição Republicana de 1988.*
>
> *II — Conflito conhecido para declarar competente a Justiça Estadual amazonense"*.[26]

1.2. Contrato de trabalho temporário[27]

Julgando a Rcl 5.381-4-AM, o Relator Min. Carlos Ayres Britto, a 17.3.2008, anulou decisão da Justiça do Trabalho da 11ª Região, reconhecendo a incompetência da Justiça do Trabalho e a competência da Justiça Estadual Comum. Cuidava-se da dispensa de mais de sete mil trabalhadores temporários, contratados irregularmente, para a área de saúde do Governo do Amazonas.

O noticiário a respeito é o seguinte:

> *"O Supremo Tribunal Federal (STF) invalidou hoje (17) decisão da Justiça do Trabalho de Manaus (AM) que havia determinado a rescisão gradual de mais de 7 mil contratos temporários firmados pelo governo do Amazonas na área da saúde. A maioria dos ministros entendeu que o caso envolve relação de direito administrativo entre servidores e o poder público, cuja competência é da Justiça comum.*

---

[26] CC 7.201-6-AM, de 29.10.2008 (Juiz de Direito da 2ª Vara da Comarca de Tabatinga vs. Tribunal Superior do Trabalho. Interessados: Venceslau Moraes e Estado do Amazonas — SEDUC — Secretaria de Estado da Educação e Qualidade do Ensino). Red. do acórdão: Min. Ricardo Lewandowski (DJ n. 234, Seção 1, de 12.12.2008, p. 49).

[27] V., sobre servidor temporário, nesta coletânea, v. 7, p. 128; v. 9, p. 111.

A decisão desta tarde confirma liminar concedida no ano passado ao governo do Amazonas pela presidente do STF, ministra Ellen Gracie. Ela suspendeu o andamento da ação na Justiça do Trabalho até que o STF julgasse em definitivo o pedido feito pelo estado em uma Reclamação (RCL 5381).

O governo amazonense esclareceu que os servidores temporários foram contratados segundo lei embasada no estatuto dos servidores públicos. Por isso, apontou descumprimento da decisão do Supremo que impediu a Justiça do Trabalho em todo o país de analisar causas instauradas entre o poder público e seus servidores. Essa decisão foi tomada em 2006 na liminar concedida na Ação Direta de Inconstitucionalidade (ADI) 3395.

Estatutário x Celetista

Durante o julgamento, os ministros discutiram a relação jurídica que resulta de contratos temporários feitos pelo governo.

O ministro Carlos Ayres Britto disse que, no caso de contratação temporária, a competência é da Justiça comum quando os estados têm lei relacionando os direitos e os deveres dos servidores. Caso contrário, a natureza da contratação passa a ser contratual e, portanto, celetista.

A ministra Cármen Lúcia Antunes Rocha disse que há casos em que, apesar de os servidores não serem estatutários, a relação de trabalho com o poder público instaura uma relação de direito administrativo cujas causas são de competência da Justiça comum.

Ela citou como exemplo o caso de professores contratados para substituir colegas em regime de urgência, produzindo o que classificou de 'geração espontânea de vagas'.

Cezar Peluso afirmou que a Emenda Constitucional 19 permitia a contratação eventual, pelo poder público, por meio do regime jurídico celetista. 'Como a Emenda 19 caiu, nós voltamos ao regime original da Constituição, que não admite relação de caráter de CLT, que é de caráter tipicamente privado, entre servidor público, seja estável ou temporário, e a administração pública', resumiu.

O ministro Carlos Alberto Menezes Direito também concluiu que, em casos de contratações emergenciais e temporárias pelo poder público, 'a relação que se impõe é de direito administrativo, qualquer que seja a duração do contrato de trabalho'.[28]

A decisão majoritária do Pleno do STF tem a seguinte ementa:

"CONSTITUCIONAL. RECLAMAÇÃO. MEDIDA LIMINAR NA ADI 3.357. AÇÃO CIVIL PÚBLICA. SERVIDORES PÚBLICOS. REGIME TEMPORÁRIO. JUSTIÇA DO TRABALHO. INCOMPETÊNCIA.

1. No julgamento da ADI 3.395-MC, este Supremo Tribunal suspendeu toda e qualquer interpretação do inciso I do artigo 114 da CF (na redação da EC 45/2004) que inserisse, na competência da Justiça do Trabalho, a apreciação de causas instauradas entre o Poder Público e seus servidores, a ele vinculados por típica relação de ordem estatutária ou de caráter jurídico-administrativo.

2. Contratações temporárias que se deram com fundamento na Lei amazonense n. 2.607/00, que minudenciou o regime jurídico aplicável às partes figurantes do contrato. Caracterização de vínculo jurídico-administrativo entre contratante e contratados.

3. Procedência do pedido.

4. Agravo regimental prejudicado".[29]

1.3. Contrato nulo

A nulidade da contratação no serviço público que, por muitos anos, foi apreciada pela Justiça do Trabalho, agora é da Competência

---

[28] Cf. Notícias do STF, de 17.3.2008. Disponível em: <http://www.stf.gov.br/portal/cms/verNoticia Detalhe.asp?idConteudo=85108>. Acesso em: 27.3.2008.

[29] Rcl 5.381-4-AM, de 17.3.2008 (Estado do Amazonas e Governador do Estado do Amazonas vs. Juiz do Trabalho da 14ª Vara do Trabalho de Manaus (Ação Civil Pública n. 10859-2007-014-11-00-4). Interessados: Ministério Público do Trabalho — Procuradoria do Trabalho da 11ª Região e Ministério Público do Estado do Amazonas). Rel.: Min. Carlos Britto (DJ n. 147, Seção 1, de 8.8.2008, p. 136).

da Justiça Estadual Comum. Assim decidiu o STF na Rcl. 7.342-9-PA, a 26.9.2008, em decisão da lavra da Min. Cármen Lúcia, cuja íntegra é a seguinte:

> *"RECLAMAÇÃO. CONSTITUCIONAL. ADMINISTRATIVO. DESCUMPRIMENTO DE DECISÃO PROFERIDA NA AÇÃO DIRETA DE INCONSTITUCIONALIDADE 3.395-MC/DF. CONTRATO TEMPORÁRIO. RECLAMAÇÃO JULGADA PROCEDENTE.*
>
> <u>Relatório</u>
>
> *1. Reclamação, com pedido de liminar, ajuizada em 1º.8.2008, pelo Município de Cametá contra ato do Desembargador Relator do Recurso Ordinário n. 01328.2007.125.08.00.9 do Tribunal Regional do Trabalho da 8ª Região e da Juíza da 2ª Vara do Trabalho de Abaetetuba/PA.*
>
> <u>O caso</u>
>
> *2. Daniela Moura Jallageas, ora Interessada, ajuizou a Reclamação Trabalhista n. 1328/2007-9 contra o Município de Cametá/PA, objetivando o pagamento de verbas rescisórias e indenizatórias a que teria direito.*
>
> *Em 21.9.2007, o Juízo da 2ª Vara do Trabalho de Abaetetuba/PA julgou parcialmente procedente a reclamação para 'declarar a nulidade do contrato firmado entre as partes no período de 01/07/2003 a 10/02/2006 por ofensa ao artigo 37 da [Constituição da República] e condenar a reclamada a pagar ao reclamante os valores relativos aos depósitos de FGTS, com juros e correção monetária no importe de R$ 16.202,36' (fl. 22).*
>
> *Contra essa decisão o ora Reclamante interpôs o Recurso Ordinário n. 01328.2007.125.08.00.9, ao qual o Tribunal Regional do Trabalho da 8ª Região negou provimento. Irresignado, interpôs recurso de revista, denegado pela Vice-Presidência daquele Tribunal em 10.6.2008. Na sequência, interpôs, ainda, agravo de instrumento, pendente de julgamento no Tribunal Superior do Trabalho.*

A presente Reclamação é contra a sentença do Juízo da 2ª Vara do Trabalho de Abaetetuba/PA e as decisões do Tribunal Regional do Trabalho da 8ª Região.

3. O Reclamante alega, em síntese, que a decisão reclamada afrontaria a autoridade da decisão proferida por este Supremo Tribunal Federal no julgamento da Medida Cautelar na Ação Direta de Inconstitucionalidade n. 3.395/DF.

Sustenta que a 'Lei n. 1.255/94 dispõe que a contratação de servidores temporários se dará por necessidade e excepcional interesse público e o seu regime de contratação é de natureza administrativa, conforme art. 3º (...) [e que a] contratação [da Interessada] não poderia possuir outra natureza, que não a de cunho administrativo, visto imperiosa disposição legal, o que de fato [teria] ocorr[ido], afastando a competência desta Especializada para apreciar a matéria em conflito nos autos' (fl. 6).

Pede seja julgada procedente a presente Reclamação, para o fim de se reconhecer a 'competência da Justiça Estadual para processar e julgar a Reclamação Trabalhista n. 1328-2007-125-08-00-9 (...) declarando ainda nulos os atos realizados por autoridade incompetente' (fl. 13).

4. Em 8.8.2008, deferi a medida liminar pleiteada para <u>'suspen[der a] tramitação e [o] julgamento da Reclamação Trabalhista n. 01328.2007.125.08.00.9, até decisão final da presente Reclamação</u>' (fl. 94).

5. Em 26.8.2008, o Tribunal Regional do Trabalho da 8ª Região informou que o processo foi remetido ao Tribunal Superior do Trabalho em 4.8.2008. Na ocasião, defendeu a competência da Justiça do Trabalho para processar e julgar o feito e ponderou que, 'em que pese a denominação de temporária atribuída à forma da contratação da reclamante, na verdade, os serviços foram prestados ao ente público por mais de 2 (dois) anos, o que, por óbvio, descaracteriza[ria] esse regime' (fl. 112).

6. Em suas informações, prestadas em 18.8.2008, o Juízo da 2ª Vara do Trabalho de Abaetetuba/PA noticiou que 'a questão meritória envolv[eria] a controvérsia acerca da legalidade da contratação da reclamante pelo reclamado, pelo que, com fundamento na OJ n. 205 e Súmula 363 do [Tribunal Superior *do Trabalho], <u>reconheceu a irregularidade da contratação temporária</u> (...), deferindo parcialmente o pedido da reclamante para condenar o Município reclamado a pagar a importância de R$ 16.202,36, a título de depósitos fundiários' (fl. 115, grifos nossos).*

7. Em 8.9.2008, o Procurador-Geral da República manifestou-se pela procedência da Reclamação (fls. 117-119).

Examinados os elementos havidos nos autos, <u>DECIDO</u>.

8. O que se põe em foco nesta Reclamação é a competência da Justiça do Trabalho para processar e julgar ação que versa, em essência, sobre a relação jurídica estabelecida entre servidores contratados temporariamente e a Administração Pública, fundamentando-se o Reclamante na decisão da Medida Cautelar na Ação Direta de Inconstitucionalidade n. 3.395/DF.

9. Em 5.4.2006, no julgamento da Ação Direta de Inconstitucionalidade n. 3.395/DF, este Supremo Tribunal Federal, por maioria, referendou cautelar deferida pelo Ministro Nelson Jobim, cujos termos são os seguintes:

'EMENTA: INCONSTITUCIONALIDADE. Ação direta. Competência. Justiça do Trabalho. Incompetência reconhecida. Causas entre o Poder Público e seus servidores estatutários. Ações que não se reputam oriundas de relação de trabalho. Conceito estrito desta relação. Feitos da competência da Justiça Comum. Interpretação do art. 114, inc. I, da CF, introduzido pela EC 45/2004. Precedentes. Liminar deferida para excluir outra interpretação. O disposto no art. 114, I, da Constituição da República, não abrange as causas instauradas entre o Poder Público e servidor que lhe seja vinculado por relação jurídico-estatutária' (DJ 10.11.2006).

Na decisão pela qual deferiu a medida liminar, 'ad referendum', o Ministro Nelson Jobim consignou:

'Dou interpretação conforme ao inciso I do art. 114 da CF, na redação da EC n. 45/2004. Suspendo, 'ad referendum', toda e qualquer interpretação dada ao inciso I

do art. 114 da CF, na redação dada pela EC 45/2004, que inclua, na competência da Justiça do Trabalho, a '(...) apreciação (...) de causas que (...) sejam instauradas entre o Poder Público e seus servidores, a ele vinculados por típica relação de ordem estatutária ou de caráter jurídico-administrativo" (DJ 4.2.2005).

10. A questão posta nos autos está solucionada por este Supremo Tribunal Federal, que, em diversas oportunidades, tem suspendido o processamento de ações ajuizadas perante a Justiça do Trabalho, nas quais se discute o vínculo jurídico estabelecido entre entidades da administração direta e indireta e seus ex-servidores, sejam eles contratados com fundamento em leis locais que autorizam a contratação por tempo determinado, por excepcional interesse público, ou mesmo quando contratados para exercerem cargos em comissão.

11. Na assentada de 17.3.2008, no julgamento da Reclamação n. 5.381/AM, de relatoria do Ministro Carlos Britto, na qual se examinava ação civil pública ajuizada perante a Justiça do Trabalho com o objetivo de impor o desligamento de servidores contratados por tempo determinado, o Plenário do Supremo Tribunal Federal decidiu:

> *'EMENTA: CONSTITUCIONAL. RECLAMAÇÃO. MEDIDA LIMINAR NA ADI 3.357. AÇÃO CIVIL PÚBLICA. SERVIDORES PÚBLICOS. REGIME TEMPORÁRIO. JUSTIÇA DO TRABALHO. INCOMPETÊNCIA. 1. No julgamento da ADI 3.395-MC, este Supremo Tribunal suspendeu toda e qualquer interpretação do inciso I do artigo 114 da CF (na redação da EC 45/2004) que inserisse, na competência da Justiça do Trabalho, a apreciação de causas instauradas entre o Poder Público e seus servidores, a ele vinculados por típica relação de ordem estatutária ou de caráter jurídico-administrativo. 2. Contratações temporárias que se deram com fundamento na Lei amazonense n. 2.607/00, que minudenciou o regime jurídico aplicável às partes figurantes do contrato. Caracterização de vínculo jurídico-administrativo entre contratante e contratados. 3. Procedência do pedido. 4. Agravo regimental prejudicado' (DJ 8.8.2008).*

Nos debates travados no julgamento daquela ação, os Ministros deste Supremo Tribunal assentaram que, diante do restabelecimento da redação original do art. 39, <u>caput</u>, da Constituição da República, os regimes jurídicos informadores das relações entre os Estados, o Distrito Federal e os Municípios e seus respectivos servidores seriam o estatutário e o regime jurídico-administrativo. Assim, o vínculo jurídico entre aquelas partes é de direito administrativo e, por isso mesmo, não comporta discussão perante a Justiça Trabalhista.

Na oportunidade, consignei que:

'Quando foi promulgada, a Constituição estabelecia, no artigo 39, o que desde 2 de agosto de 2007 este Plenário decidiu, suspendendo os efeitos da norma que tinha sido introduzida pela Emenda n. 19, e voltando, portanto, ao regime jurídico único [Medida Cautelar na Ação Direta de Inconstitucionalidade n. 2.135/DF]. E o que ela estabeleceu, parece-me, no artigo 37, inc. IX, foi que haveria um regime de servidores públicos assim considerados, conforme Vossa Excelência acaba de dizer, que é um estatuto, ou seja, um conjunto de direitos, deveres e responsabilidades daqueles que integram o serviço público e passam a ocupar ou a titularizar cargos públicos; esses são os servidores públicos ditos de provimento efetivo. Há um outro tipo de direitos, deveres e responsabilidades para aqueles que ocupam cargo comissionado (...)

E a Constituição estabelece um outro aspecto, o do art. 37, inc. IX: a contratação por necessidade temporária. E não significa que esses contratados serão submetidos a regime que não o administrativo, porque a Constituição estabelece 'jurídico-administrativo' (...)

<u>*Não se pode contratar pela CLT,*</u> *porque, inclusive — estou chamando de novo a atenção —, quando esta Constituição foi promulgada, o artigo 39 estabelecia expressamente:*

'Art. 39. A União, os Estados, o Distrito Federal e os Municípios instituirão, no âmbito de sua competência, regime jurídico único ...'

E esse regime jurídico era administrativo para todos os casos, pela singela circunstância de que Estados e Municípios não podem instituir regime, porque legislar sobre Direito do Trabalho é competência privativa da União' (DJ 8.8.2008, grifos nossos).

Asseverei, ainda, que:

'Tudo isso que permeia a relação jurídico-administrativa foge à condição da Justiça Trabalhista, porque não é regime celetista (...), exatamente porque o que está na base de tudo isso é a relação de um ente público, para prestar serviço público. E, então, vou-me abster de dizer se ele estava correto ao contratar, às vezes, dizendo que era excepcional o interesse público, quando não era uma situação prevista, como a dessa professora. Isso leva eventualmente o Ministério Público a questionar essas situações, ao fundamento de que essas contratações, na verdade, estariam acontecendo para não se ter um concurso público. Mas não é na seara da Justiça Trabalhista que se tem de resolver isso, a solução é em outra seara.

Então, Excelência, pedi este aparte apenas para enfatizar que a doutrina e a jurisprudência sempre fizeram referência ao fato de que a relação jurídico-administrativa não comportava nada de regime celetista, máxime em se tratando de situações posteriores à Constituição de 1988, em cuja norma, inicialmente redigida no artigo 39, não se poderia ter senão o regime estatutário ou o regime jurídico-administrativo' (DJ 8.8.2008, grifos nossos).

Essa orientação foi confirmada pelo Ministro Cezar Peluso, que, nos apartes desta Reclamação, ressaltou:

'[Na data em que a Medida Cautelar na Ação Direta de Inconstitucionalidade n. 3.395/DF foi referendada] ainda não nos tínhamos pronunciado sobre a alteração do artigo 39, de modo que havia excepcionalmente casos que poderíamos entender regidos pela CLT. Mas hoje isso é

> *absolutamente impossível, porque reconhecemos que a redação originária do artigo 39 prevalece. Em suma, <u>não há possibilidade, na relação jurídica entre servidor e o Poder Público, seja ele permanente ou temporário, de ser regido senão pela legislação administrativa. Chame-se a isso relação estatutária, jurídico-administrativa, ou outro nome qualquer, o certo é que não há relação contratual sujeita à CLT.</u> (...)*
>
> *Sim, eu sei, mas estou apenas explicando por que a Emenda n. 45 deu essa redação [ao art. 114, inc. I, da Constituição da República] abrangendo os entes da administração direta, porque havia casos, com a vigência da Emenda n. 19, que, eventualmente, poderiam estar submetidos ao regime da CLT. Como a Emenda n. 19 caiu, nós voltamos ao regime original da Constituição, <u>que não admite relação de sujeição à CLT, que é de caráter tipicamente privado, entre servidor público, seja estável ou temporário, e a Administração Pública</u>'* (DJ 8.8.2008, grifos nossos).

12. Esse entendimento foi reafirmado, em 21.8.2008, no julgamento do Recurso Extraordinário n. 573.202/AM, Relator o Ministro Ricardo Lewandowski, pendente de publicação.

Consta no sítio deste Supremo Tribunal Federal a seguinte notícia:

> *'Por maioria (7 votos a 1), o Plenário do Supremo Tribunal Federal (STF) confirmou (...) <u>jurisprudência preponderante na Corte no sentido de que a relação de emprego entre o Poder Público e seus servidores é sempre de caráter jurídico-administrativo e, portanto, a competência para dirimir conflitos entre as duas partes será sempre da Justiça Comum, e não da Justiça do Trabalho.</u>*
>
> *A decisão, à qual o Tribunal deu caráter de repercussão geral — casos que tenham maiores implicações para o conjunto da sociedade —, foi tomada no julgamento do*

Recurso Extraordinário (RE) 573202, interposto pelo governo do estado do Amazonas contra acórdão (decisão colegiada) do Tribunal Superior do Trabalho (TST).

(...)

Competência. Acompanhando o voto do relator, Ministro Ricardo Lewandowski, o Plenário do STF confirmou a tese sustentada pelo governo estadual. [O Ministro] Lewandowski citou uma série de precedentes do STF no mesmo sentido. Um deles é a Ação Direta de Inconstitucionalidade (ADI) 3395, relatada pelo Ministro Cezar Peluso, em que o STF assentou o entendimento de que não cabe à Justiça Trabalhista, mas sim à Justiça Comum, estadual ou federal, dirimir conflitos da relação jurídico-administrativa entre o Poder Público e seus servidores.

'Não há que se entender que a Justiça Trabalhista, a partir do texto promulgado (da nova Constituição de 1988) possa analisar questões relativas aos servidores públicos', decidiu o Plenário. Essas demandas vinculadas a questões funcionais a eles pertinentes, regidos que são pela Lei 8.112/90 (Estatuto do Funcionalismo Público) e pelo Direito Administrativo, são diversas dos contratos de trabalho regidos pela CLT, conforme o entendimento dos ministros.

Votos. Em seu voto, o Ministro Ricardo Lewandowski observou, ainda, que o Plenário do [Supremo Tribunal Federal] já firmou entendimento pela competência da Justiça estadual, nos casos disciplinados por lei local com fundamento no artigo 106 da CF de 1967, nos termos da Emenda Constitucional (EC) n. 1/89. E disse que a Constituição de 1988 não alterou esse entendimento da Corte.

Para o Ministro Cezar Peluso, que acompanhou o relator, 'não há possibilidade de a relação do Poder Público com seus servidores (qualquer relação) estar sujeita à CLT e, portanto, à Justiça do Trabalho'. Na mesma direção se pronunciou a Ministra Cármen Lúcia Antunes Rocha. Segundo ela, 'o vínculo (do servidor) com o estado tem caráter administrativo'.

[O Ministro] Cezar Peluso observou, a propósito, que a CLT não resolveria casos de emergência, como, por exemplo, a convocação de servidores no fim de semana, diante das exigências contidas na CLT' (grifos nossos).

13. Na mesma linha, em 21.8.2008, no julgamento da Reclamação n. 4.904/SE, de minha relatoria, o Plenário deste Tribunal assentou:

> 'EMENTA: RECLAMAÇÃO. CONTRATO TEMPORÁRIO. REGIME JURÍDICO ADMINISTRATIVO. DESCUMPRIMENTO DA AÇÃO DIRETA DE INCONSTITUCIONALIDADE N. 3.395/DF. COMPETÊNCIA DA JUSTIÇA COMUM ESTADUAL.
>
> 1. Contrato firmado entre o Reclamante e o Interessado tem natureza jurídica administrativa, duração temporária e submete-se a regime específico, estabelecido pela Lei sergipana n. 2.781/1990, regulamentada pelo Decreto 11.203/1990.
>
> 2. Incompetência da Justiça Trabalhista para o processamento e o julgamento das causas que envolvam o Poder Público e servidores que sejam vinculados a ele por relação jurídico-administrativa. Precedentes.
>
> 3. Reclamação julgada procedente' (em fase de publicação — liberado no sistema).

No mesmo sentido, são precedentes os seguintes julgados do Plenário deste Supremo Tribunal Federal: Rcl 5.548/DF, Rcl 5.171/DF, Rcl 5.264/DF, Rcl 5.475/DF, Rcl 4.752/SE, todas de minha relatoria.

14. No caso vertente, a despeito de não constar nos autos cópia do contrato firmado entre o Reclamante e a Interessada, pode-se afirmar que esta contratação se deu com fundamento em lei especial que disciplina a contratação por tempo determinado.

Ao examinar a preliminar de incompetência da Justiça do Trabalho, o Juízo da 2ª Vara do Trabalho de Abaetetuba/PA consignou:

'A questão meritória envolve discussão acerca da legalidade da contratação da reclamante pelo município reclamado. Pois bem. A existência de controvérsia acerca da relação firmada entre as partes autoriza o entendimento de que tais ações são de competência da seara Trabalhista. (...)

Assim, quando há controvérsia quanto a regularidade do vínculo administrativo o entendimento que vem ganhando força e prevalecendo é o de que a Justiça do trabalho é o foro competente para a análise e julgamento do dissídio individual entre o suposto servidor e o ente público. (...)

A análise da petição inicial e da peça de defesa dão conta de que o contrato existente entre as partes em nada observou a contratação regular de servidor público através do competente concurso público e muito menos o caráter transitório e emergencial do contrato temporário, ferindo assim, as regras constitucionais. Desta feita resta descaracterizado o vínculo administrativo entre as partes, pelo que a ilação é de que o liame havido entre as partes foi de natureza trabalhista. (...)

Desta feita, declaramos a nulidade da contratação entre as partes litigantes no período de 01/07/2003 a 10/02/2006, deferindo, nos termos da Súmula 363 (...) apenas os valores referentes aos depósitos de [Fundo de Garantia por Tempo de Serviço]' (fls. 16-21).

De acordo com a orientação firmada por este Supremo Tribunal Federal nas decisões acima apontadas, dúvidas não remanescem que os contratos celebrados entre o Município de Cametá/PA e seus servidores estão submetidos ao regime jurídico estatutário ou jurídico-administrativo, o que afasta a competência da Justiça do Trabalho para processar e julgar a causa.

15. Registre-se, por fim, conforme salientado nos votos-vista que proferi nas Reclamações ns. 4.012-AgR/MT, 4.054-AgR/AM e 4.489-AgR/PA, de relatoria do Ministro Marco Aurélio e para as quais fui designada Redatora, que:

> 'Nem mesmo o pedido relativo ao Fundo de Garantia por Tempo de Serviço — FGTS torna a Justiça do Trabalho competente para o exame da ação, uma vez que não se trata de um benefício regulado pela legislação trabalhista, mas pela legislação previdenciária, tanto que todas as ações relativas à incidência dos chamados expurgos inflacionários sobre o saldo do FGTS foram resolvidas pela Justiça Federal' (pendente de publicação).
>
> 16. Pelo exposto, por entender caracterizado desrespeito ao que ficou decidido por este Supremo Tribunal na Medida Cautelar na Ação Direta de Inconstitucionalidade n. 3.395/DF, julgo procedente a presente Reclamação e declaro a incompetência da Justiça do Trabalho para processar e julgar a Reclamação Trabalhista n. 1328-2007-125-08-00-9, determinando a remessa dos autos à Justiça comum estadual.
>
> Publique-se.
>
> Arquive-se".[30]

Na mesma linha, a Rcl 4.489-1-PA, julgada a 21.8.2008, tendo o acórdão sido lavrado pela Min. Cármen Lúcia. O noticiário a respeito consigna:

> "Em conclusão, o Tribunal, por maioria, deu provimento a agravo regimental e julgou procedente reclamação ajuizada pelo Município de São Miguel do Guamá — PA, para deslocar para a Justiça Comum ações em trâmite na Justiça do Trabalho, em que se discute a validade de contratações celebradas sem prévia aprovação em concurso público — v. Informativo 471. Inicialmente, esclareceu-se tratar-se de ações classificadas em dois grupos: 1) as relativas a contratações temporárias realizadas antes da CF/88, nas quais se sustenta a validade das mesmas, e se pretende a aplicação da Consolidação das Leis do

---

[30] Rcl 7.342-9-PA, de 26.9.2008 (Município de Cametá vs. Tribunal Regional do Trabalho da 8ª Região e Juiz do Trabalho da 2ª Vara do Trabalho de Abaetetuba. Interessada: Daniela Noura Jallageas). Rel.: Min. Cármen Lúcia (DJE n. 187, de 3.10.2008, p. 164-7). Disponível em: <http://www.stf.gov.br/portal/cms/verNoticiaDetalhe.asp?idConteudo=85108>. Acesso em: 7.10.2008.

Trabalho — CLT; 2) as concernentes a contratações temporárias feitas depois da CF/88, em que se alega a nulidade delas, por ofensa ao art. 37, II, da CF, e a consequente submissão dos casos a direitos típicos de uma relação trabalhista. Entendeu-se caracterizada a afronta à decisão proferida pelo Supremo na ADI 3395 MC/DF (DJU de 10.11.2006), na qual referendada cautelar que suspendeu liminarmente toda e qualquer interpretação dada ao inciso I do art. 114 da CF, na redação dada pela EC 45/2004, que inclua, na competência da Justiça do Trabalho, a apreciação de causas que sejam instauradas entre o Poder Público e seus servidores, a ele vinculados por típica relação de ordem estatutária ou de caráter jurídico-administrativo. Vencido o Min. Marco Aurélio que julgava improcedente o pleito, e se reportava ao voto por ele proferido no julgamento do RE 573202/AM, a seguir relatado, e, ainda, ao que decidido pelo Plenário no julgamento do CC 7134/RS (DJU de 15.8.2003)".[31]

A ementa do julgado é a seguinte:

"RECLAMAÇÃO CONSTITUCIONAL. AUTORIDADE DE DECISÃO PROFERIDA PELO SUPREMO TRIBUNAL FEDERAL: ARTIGO 102, INCISO I, ALÍNEA L, DA CONSTITUIÇÃO DA REPÚBLICA. MEDIDA CAUTELAR NA AÇÃO DIRETA DE INCONSTITUCIONALIDADE N. 3.395. CONTRATAÇÃO TEMPORÁRIA DE SERVIDORES PÚBLICOS: ARTIGO 37, INCISO IX, DA CONSTITUIÇÃO DA REPÚBLICA. AÇÕES AJUIZADAS POR SERVIDORES TEMPORÁRIOS CONTRA A ADMINISTRAÇÃO PÚBLICA: COMPETÊNCIA DA JUSTIÇA COMUM. CAUSA DE PEDIR RELACIONADA A UMA RELAÇÃO JURÍDICO-ADMINISTRATIVA. AGRAVO REGIMENTAL PROVIDO E RECLAMAÇÃO PROCEDENTE.

---

[31] Rcl 4.489-1-AgR/PA, de 21.8.08 (Município de São Miguel do Guamá *vs.* Tribunal Superior do Trabalho, Tribunal Regional do Trabalho da 8ª Região e Juiz do Trabalho da Vara do Trabalho de Capanema. Interessados: Abissandro Araújo Lima e outros). Red. p/ o acórdão: Min. Cármen Lúcia (DJ n. 222, Seção 1, de 21.11.2008, p. 177-80).

1. O Supremo Tribunal Federal decidiu no julgamento da Medida Cautelar na Ação Direta de Inconstitucionalidade n. 3.395 que 'o disposto no art. 114, I, da Constituição da República, não abrange as causas instauradas entre o Poder Público e servidor que lhe seja vinculado por relação jurídico-estatutária'.

2. Apesar de ser da competência da Justiça do Trabalho reconhecer a existência de vínculo empregatício regido pela legislação trabalhista, não sendo lícito à Justiça Comum fazê-lo, é da competência exclusiva desta o exame de questões relativas a vínculo jurídico-administrativo.

3. Se, apesar de o pedido ser relativo a direitos trabalhistas, os autores da ação suscitam a descaracterização da contratação temporária ou do provimento comissionado, antes de se tratar de um problema de direito trabalhista a questão deve ser resolvida no âmbito do direito administrativo, pois para o reconhecimento da relação trabalhista terá o juiz que decidir se teria havido vício na relação administrativa a descaracterizá-la.

4. No caso, não há qualquer direito disciplinado pela legislação trabalhista a justificar a sua permanência na Justiça do Trabalho.

5. Agravo regimental a que se dá provimento e reclamação julgada procedente".[32]

---

[32] V. nota 31.

2. CONTRIBUIÇÃO PREVIDENCIÁRIA. EXECUÇÃO DE OFÍCIO

O STF fixou que cabe à Justiça do Trabalho a execução de ofício de contribuições previdenciárias, mas apenas aquelas decorrentes de suas decisões, a teor do art. 114, VIII, da Constituição, gerando, inclusive, proposta de aprovação futura de súmula vinculante. Nada além. Acentuou, inclusive, que não cabe execução dessas contribuições na Justiça do Trabalho em caso de simples reconhecimento de vínculo de emprego. Por outro lado, não se cogita de competência para executar contribuições previdenciárias que não decorrem desse mesmo vínculo. É o que ficou assentado no julgamento do RE 569.056-3-PA, relatado pelo Min. Menezes Direito, a 11.9.2008. A notícia acerca do julgamento é a seguinte:

"A competência da Justiça do Trabalho, nos termos do disposto no art. 114, VIII, da CF, limita-se à execução, de ofício, das contribuições sociais previstas no art. 195, I, a, e II, e seus acréscimos legais, decorrentes das sentenças condenatórias em pecúnia que proferir e aos valores objeto de acordo homologado que integrem o salário de contribuição, não abrangendo, portanto, a execução de contribuições atinentes ao vínculo de trabalho reconhecido na decisão, mas sem condenação ou acordo quanto ao pagamento das verbas salariais que lhe possam servir como base de cálculo ('Art. 114. ... VIII — a execução, de ofício, das contribuições sociais previstas no art. 195, I, a , e II, e seus acréscimos legais, decorrentes das sentenças que proferir;'). Com base nesse entendimento, o Tribunal desproveu recurso extraordinário interposto pelo INSS em que sustentava a competência da Justiça especializada para executar, de ofício, as contribuições previdenciárias devidas, incidentes sobre todo o período de contrato de trabalho, quan-

do houvesse o reconhecimento de serviços prestados, com ou sem vínculo trabalhista, e não apenas quando houvesse o efetivo pagamento de remunerações. Salientou-se que a decisão trabalhista que não dispõe sobre pagamento de salário, mas apenas se restringe a reconhecer a existência do vínculo empregatício não constitui título executivo no que se refere ao crédito de contribuições previdenciárias. Assim, considerou-se não ser possível admitir uma execução sem título executivo. Asseverou-se que, em relação à contribuição social referente ao salário cujo pagamento foi determinado em decisão trabalhista é fácil identificar o crédito exequendo e, por conseguinte, admitir a substituição das etapas tradicionais de sua constituição por ato típico, próprio, do magistrado. Ou seja, o lançamento, a notificação, a apuração são todos englobados pela intimação do devedor para o seu pagamento, porque a base de cálculo para essa contribuição é o valor mesmo do salário que foi objeto da condenação. Já a contribuição social referente ao salário cujo pagamento não foi objeto da sentença condenatória, e, portanto, não está no título exequendo, ou não foi objeto de algum acordo, dependeria, para ser executada, da constituição do crédito pelo magistrado sem que este tivesse determinado o pagamento do salário, que é exatamente a causa e a base da sua justificação. O Min. Ricardo Lewandowski, em acréscimo aos fundamentos do relator, aduziu que a execução de ofício de contribuição social antes da constituição do crédito, apenas com base em sentença trabalhista que reconhece o vínculo empregatício sem fixar quaisquer valores, viola também o direito ao contraditório e à ampla defesa. Em seguida, o Tribunal, por maioria, aprovou proposta do Min. Menezes Direito, relator, para edição de súmula vinculante sobre o tema, e cujo teor será deliberado nas próximas sessões. Vencido, no ponto, o Min. Marco Aurélio, que se manifestava no sentido da necessidade de encaminhamento da proposta à Comissão de Jurisprudência".[33]

---

[33] Disponível em: <http://www.stf.jus.br//arquivo/informativo/documento/informativo519.htm>.

A ementa do julgado é a transcrita abaixo:

> *"Recurso extraordinário. Repercussão geral reconhecida. Competência da Justiça do Trabalho. Alcance do art. 114, VIII, da Constituição Federal.*
>
> *1. A competência da Justiça do Trabalho prevista no art. 114, VIII, da Constituição Federal alcança apenas a execução das contribuições previdenciárias relativas ao objeto da condenação constante das sentenças que proferir.*
>
> *2. Recurso extraordinário conhecido e desprovido"*.[34]

---

[34] RE 569.056-3-PR, de 11.9.2008 (Instituto Nacional do Seguro Social — INSS vs. Darci da Silva Corrêa). Rel.: Min. Menezes Direito (DJ n. 236, Seção 1, de 12.12.2008, p. 848).

3. CONTRIBUIÇÃO SINDICAL. COMPETÊNCIA DA JUSTIÇA DO TRABALHO, SALVO JÁ SENTENCIADOS [35]

A partir da Emenda Constitucional n. 45/2004, a cobrança de contribuição sindical passou a ser da competência da Justiça do Trabalho, como, aliás, sempre deveria ter sido. Mas, quanto aos processos já sentenciados antes da vigência da mudança constitucional, sua execução deverá ser processada perante a Justiça Estadual. Assim, decidiu o STF, a 7.4.2008, no CC 7.456-6-RS, relatado pelo Min. Menezes Direito.

A ementa do julgado é a seguinte:

> "Conflito negativo de competência. Superior Tribunal de Justiça. Tribunal Superior do Trabalho. Contribuição sindical. Emenda Constitucional n. 45/04.
>
> 1. A discussão relativa à legitimidade do sindicato para receber a contribuição sindical representa matéria funcional à atuação sindical, enquadrando-se, diante da nova redação dada pela Emenda Constitucional n. 45/04 ao artigo 114, III, da Constituição Federal, na competência da Justiça do Trabalho. Tratando-se de competência absoluta, em razão da matéria, produz efeitos imediatos, a partir da publicação da referida emenda, atingindo os processos em curso, incidindo o teor do artigo 87 do Código de Processo Civil.
>
> 2. Aplica-se, portanto, o posicionamento adotado no CC n. 7.204-1/MG, Pleno, Relator o Ministro Carlos Britto, DJ de 9/12/05, que definiu a existência de sentença de mérito na Justiça Comum estadual, proferida antes da vigência da EC n. 45/04,

---

[35] Sobre contribuição sindical rural, v., nesta coletânea, v. 11, p. 55.

como o fator determinante para fixar a competência da Justiça Comum, daí a razão pela qual mantém-se a competência do Superior Tribunal de Justiça.

3. Conflito conhecido para declarar competente o Superior Tribunal de Justiça".[36]

---

[36] CC 7.456-6-RS, de 7.4.2008 (Tribunal Superior do Trabalho *vs.* Superior Tribunal de Justiça. Interessados: Sindicato Nacional dos Docentes das Instituições de Ensino Superior — ANDES — Sindicato Nacional; Sindicato dos Professores do Estado do Rio Grande do Sul — SINPRO-RS; Fundação Universidade de Caxias do Sul; Sindicato dos Professores de Caxias do Sul). Rel.: Min. Menezes Direito (DJ n. 112, Seção 1, de 20.6.2008, p. 326).

4. DECLARAÇÃO DE INCONSTITUCIONALIDADE. EFEITOS

O STF, julgando diversos recursos extraordinários, manifestou-se fixando parâmetros da declaração de inconstitucionalidade de dispositivos legais, por motivos de segurança jurídica e de excepcional interesse social.

Assim é o caso do RE 556.664-1-RS, relatado pelo Min. Gilmar Mendes, e julgado a 11.6.2008, *verbis*:

> *"PRESCRIÇÃO E DECADÊNCIA TRIBUTÁRIAS. MATÉRIAS RESERVADAS A LEI COMPLEMENTAR. DISCIPLINA NO CÓDIGO TRIBUTÁRIO NACIONAL. NATUREZA TRIBUTÁRIA DAS CONTRIBUIÇÕES PARA A SEGURIDADE SOCIAL. INCONSTITUCIONALIDADE DOS ARTS. 45 E 46 DA LEI 8.212/ 91 E DO PARÁGRAFO ÚNICO DO ART. 5º DO DECRETO-LEI 1.569/77. RECURSO EXTRAORDINÁRIO NÃO PROVIDO. MODULAÇÃO DOS EFEITOS DA DECLARAÇÃO DE INCONSTITUCIONALIDADE. I. PRESCRIÇÃO E DECADÊNCIA TRIBUTÁRIAS. RESERVA DE LEI COMPLEMENTAR.*
>
> *As normas relativas à prescrição e à decadência tributárias têm natureza de normas gerais de direito tributário, cuja disciplina é reservada a lei complementar, tanto sob a Constituição pretérita (art. 18, § 1º, da CF de 1967/69) quanto sob a Constituição atual (art. 146, b, III, da CF de 1988). Interpretação que preserva a força normativa da Constituição, que prevê disciplina homogênea, em âmbito nacional, da prescrição, decadência, obrigação e crédito tributários. Permitir regulação distinta sobre esses temas, pelos diversos entes da federação, implicaria prejuízo à vedação de tratamento desigual entre contribuintes em situação equivalente e à segurança jurídica.*
>
> *II. DISCIPLINA PREVISTA NO CÓDIGO TRIBUTÁRIO NACIONAL. O Código Tributário Nacional (Lei 5.172/1966), pro-*

mulgado como lei ordinária e recebido como lei complementar pelas Constituições de 1967/69 e 1988, disciplina a prescrição e a decadência tributárias.

III. NATUREZA TRIBUTÁRIA DAS CONTRIBUIÇÕES. As contribuições, inclusive as previdenciárias, têm natureza tributária e se submetem ao regime jurídico-tributário previsto na Constituição. Interpretação do art. 149 da CF de 1988. Precedentes.

IV. RECURSO EXTRAORDINÁRIO NÃO PROVIDO. Inconstitucionalidade dos arts. 45 e 46 da Lei 8.212/91, por violação do art. 146, III, b, da Constituição de 1988, e do parágrafo único do art. 5º do Decreto-lei 1.569/77, em face do § 1º do art. 18 da Constituição de 1967/69.

V. MODULAÇÃO DOS EFEITOS DA DECISÃO. SEGURANÇA JURÍDICA. São legítimos os recolhimentos efetuados nos prazos previstos nos arts. 45 e 46 da Lei 8.212/91 e não impugnados antes da data de conclusão deste julgamento".[37]

---

[37] RE 556.664-1-RS, de 12.6.2008 (União *vs.* Novoquim Indústria Químicas Ltda.). Rel.: Gilmar Mendes (DJ n. 216, Seção 1, de 14.11.2008, p. 1886). No mesmo sentido: RE 559.882-4-RS, de 12. 6.2008 (União Federal *vs.* Confecções Três e Um Ltda.), Rel.: Min. Gilmar Mendes (DJ n. 216, Seção 1, de 14.11.2008, p. 2062); RE 559.943-4-RS, de 12.6.2008 (Instituto Nacional do Seguro Social — INSS *vs.* Abdala Husein Humad ME). Rel.: Min. Gilmar Mendes (DJ n. 182, Seção 1, de 26.8.2008, p. 2169); RE 560.626-1-RS, de 12.6.2008 (União *vs.* REDG — Consultoria Tributária Sociedade Civil Ltda.). Rel.: Min. Gilmar Mendes (DJ n. 232, Seção 1, de 5.12.2008, p. 868).

5. PRECATÓRIOS [38]

O TRT da 8ª Região regulamentou, por resolução da própria Corte, os procedimentos a serem adotados para pagamento de precatórios de pequeno valor. O Governo do Estado do Pará, um dos jurisdicionados daquele Tribunal, insurgiu-se e ajuizou a **ADIN 4.015-PA**, tendo, a 16.4.2008, obtido concessão de cautelar pelo Pleno do STF, acompanhando o voto do relator, Min. Celso de Mello.

A notícia do julgado é a seguinte:

> *"Por maioria, o Plenário do Supremo Tribunal Federal (STF) deferiu pedido de liminar na Ação Direta de Inconstitucionalidade (ADI) 4015, em que a governadora do Pará, Ana Júlia Carepa, pede a suspensão de portaria do Tribunal Regional do Trabalho da 8ª Região (TRT-8) que regulamentou, no âmbito da própria corte, procedimentos que devem ser adotados para o pagamento de precatórios de pequeno valor. A decisão do Supremo determina que sejam suspensos todos os pagamentos até o julgamento final da ação.*
>
> *O relator, ministro Celso de Mello, lembrou que existe precedente na Corte. Ao analisar medida cautelar em outra ADI tratando de tema idêntico — sobre uma resolução de outro TRT, o Supremo deferiu o pedido, respeitando o disposto no artigo 100, parágrafo 3º, da Constituição Federal. Celso de Mello salientou, inclusive, que já existe lei estadual paraense regendo o tema.*
>
> *Celso de Mello afirmou estarem presentes os requisitos para a concessão da medida cautelar — a fumaça do bom di-*

---

[38] Sobre precatórios, v., nesta coletânea, v. 1, p. 106; v. 2, p. 112; v. 4, p. 87 e 96; v. 5, p. 60 e 72; v. 6, p. 145; v. 7, p. 60 e 169; v. 9, p. 62; v. 11, p. 63.

reito e o perigo na demora, neste último caso porque já existem pagamentos agendados que, depois de efetuados — advindo uma eventual decisão favorável ao erário — dificilmente serão reparados".[39]

---

[39] Cf. Notícias do STF, **de 16.4.2008**. Disponível em: <http://www.stf.jus.br/portal/cms/verNoticiaDetalhe.asp?idConteudo=87324&caixaBusca=N>.
ADIN 4.015-PA, de 16.4.2008 (Governadora do Estado do Pará *vs.* Presidente do Tribunal Regional do Trabalho da 8ª Região). Rel.: Min. Celso de Mello.

6. RECLAMAÇÃO CRIADA EM REGIMENTO INTERNO

O Regimento Interno do Tribunal Superior do Trabalho contemplava a figura da "reclamação", nos arts. 190 a 194. O **RE 405.031-5-AL,** relatado pelo Min. Marco Aurélio, julgado a 15.10.2008, foi provido e proclamada a inconstitucionalidade dos dispositivos em apreço.

O noticiário a respeito é o seguinte:

"O Tribunal deu provimento a recurso extraordinário interposto pelo Sindicato dos Trabalhadores nas Indústrias Urbanas no Estado de Alagoas para, tornando insubsistente acórdão proferido pelo Tribunal Superior do Trabalho — TST em reclamação, declarar a inconstitucionalidade dos artigos 190 a 194 do Regimento Interno do referido tribunal, que sobre ela dispõem [RITST, aprovado pela Resolução Administrativa 908/ 2002: 'Art. 190. A reclamação é a medida destinada à preservação da competência do Tribunal ou à garantia da autoridade de suas decisões, quer sejam proferidas pelo Pleno, quer pelos órgãos fracionários. § 1º Não desafia a autoridade da decisão a que for proferida em relação processual distinta daquela que se pretenda ver preservada. § 2º Estão legitimados para a reclamação a parte interessada ou o Ministério Público do Trabalho. § 3º Compete ao Pleno processar e julgar a reclamação. § 4º Oficiará no feito o Ministério Público do Trabalho, como 'custos legis', salvo se figurar como reclamante. Art. 191. A reclamação, dirigida ao Presidente do Tribunal e instruída com prova documental, será autuada e distribuída, sempre que possível, ao Relator da causa principal. Art. 192. Ao despachar a inicial, incumbe ao Relator: 1I — requisitar informações da autoridade a quem for atribuída a prática do ato impugnado, para que as apresente no prazo de 10 (dez) dias; e 2II — ordenar

liminarmente, se houver risco de dano irreparável, a suspensão do processo ou do ato impugnado. Parágrafo único. Decorrido o prazo para informações, o Ministério Público terá vista dos autos por 8 (oito) dias, salvo se figurar como reclamante. Art. 193. À reclamação poderá opor-se, fundamentadamente, qualquer interessado. Art. 194. Julgada procedente a reclamação, o Tribunal Pleno cassará a deliberação afrontosa à decisão do Tribunal Superior do Trabalho ou determinará medida adequada à preservação da sua competência.'].

Na espécie, o TST julgara procedente o pedido formulado na reclamação ajuizada contra o acórdão por ele proferido em recurso ordinário em ação rescisória, para determinar a limitação da condenação da empresa reclamante, ora recorrida, à data-base da categoria. Levara em conta que ele, ao apreciar os dois temas versados na ação rescisória (Plano Bresser e limitação da condenação à data-base da categoria), consignara, negando provimento ao recurso ordinário patronal, que, em relação ao segundo tema, havia carência de interesse processual — pois a decisão rescindenda não proibira a pretendida limitação, a qual deveria, por isso, ser observada na execução. Considerara, portanto, configurar desrespeito a sua decisão, passível de impugnação pela via da reclamação, a recusa do juiz da execução na observância da orientação por ele emanada, fundada na Orientação Jurisprudencial 35 da SDI. Entendeu-se, na linha de precedentes do Supremo, que a reclamação seria incabível, haja vista a necessidade de esse instrumental estar previsto em lei no sentido formal e material, não sendo possível criá-lo mediante regimento interno. Asseverou-se ser inadmissível se cogitar de disciplina em regimento interno, visto que a reclamação ganha contornos de verdadeiro recurso, mostrando-se inserida, portanto, no direito constitucional de petição. Assim, cabe, no âmbito federal, ao Congresso Nacional dispor a respeito, ainda que o faça, ante a origem da regência do processo do trabalho, por meio de lei ordinária. Esclareceu-se que, em relação ao Supremo e ao Superior Tribunal de Justiça, porque o campo de atuação dessas Cortes está delimitado na própria Carta Magna, a reclamação foi prevista, respectivamente, nos seus artigos 102, I, l, e 105, I, f.

No mais, considerou-se que a Corte de origem não observou o binômio segurança jurídica e Justiça e incorreu em desrespeito à coisa julgada. Esclareceu-se que o sindicato ora recorrente tivera reconhecido o direito a certa reposição do poder aquisitivo dos salários integrantes da categoria, com repercussão em parcelas remuneratórias, contempladas prestações vencidas e vincendas, e que a empresa ora recorrida tentara reverter o quadro, inclusive quanto à limitação do direito ao reajuste à data-base da categoria, interpondo, até mesmo, recurso extraordinário ao Supremo, que fora desprovido, e, depois, ação rescisória, que, julgada improcedente, ensejara a interposição de recurso ordinário perante o TST. Afirmou-se que o relator no TST glosara a circunstância de se haver ajuizado a rescisória não contra o acórdão prolatado pelo TRT, mas contra a sentença da Junta que apreciara o processo de conhecimento, condenando a ora recorrida a satisfazer o reajuste salarial. Realçou-se que o aludido relator, consignando que a coisa julgada material teria se operado apenas em relação ao acórdão, porquanto constituía a última decisão que apreciara o mérito da causa no processo, e que o ataque rescisório deveria ser dirigido contra esse acórdão porque apenas ele transitara em julgado, concluíra que o processo deveria ser julgado extinto sem exame do mérito. Tal relator teria, ainda, argumentado que o pleito da rescisão por violência à lei não indicara, de forma precisa, o preceito que teria sido vulnerado. Assentara, assim, a negativa de provimento ao ordinário. Não obstante o mencionado relator afirmasse, sob o ângulo dos dois defeitos, haver já a razão do desprovimento, deixara na peça redigida, por ter preparado voto para o caso de serem suplantados esses aspectos, a abordagem do tema alusivo à limitação à data-base da categoria. Ou seja, a parte do acórdão atinente ao recurso ordinário na ação rescisória ficara como algo que seria objeto de decisão se não houvesse motivo para negar-se provimento ao ordinário pelas deficiências apontadas.

Portanto, salientou-se que constara do acórdão formalizado por força do recurso ordinário a abordagem do tema sob o prisma da limitação à data-base, o que abrira margem ao TST, no julgamento da reclamação visando à preservação da autoridade dos respectivos julgados, a concluir como fizera. Daí, por meio de interpretação restritiva ao título executivo judicial, apontara-se a improcedência do inconformismo veiculado na rescisória, porque não teria havido condenação explícita nesse campo, dando-se enfoque próprio à condenação de a recorrida satisfazer prestações vencidas e vincendas, consignando-se, em homenagem ao Verbete 322 da Súmula do TST, que a limitação poderia ocorrer até mesmo de ofício. Concluiu-se que, diante desses fatos, não se poderia, na via estreita da reclamação, reputar-se desrespeitado o acórdão reclamado, sob pena de solapar-se a segurança jurídica. Por fim, frisou-se que, ainda que assim não se entendesse, a ordem natural das coisas estaria a direcionar à configuração da infringência à coisa julgada, visto que a condenação se fizera considerada a integração do reajuste aos salários, cogitando-se, sem limitação, de parcelas vencidas e vincendas, não se podendo dizer que, no título executivo judicial, estaria encerrado termo para o término. O Min. Cezar Peluso fez ressalva no sentido de que se haveria de repensar o assunto, tendo em conta que os tribunais federais não têm nenhum meio de fazer prevalecer a autoridade de suas decisões. Precedentes citados: Rp 1092/DF (DJU de 19.12.1984) e ADI 2212/CE (DJU de 14.11.2003)".[40]

---

[40] RE 405.031-5-AL, de 15.10.2008 (Sindicato dos Trabalhadores nas Indústrias Urbanas no Estado de Alagoas *vs*. Companhia Energética de Alagoas — CEAL). Rel.: Min. Marco Aurélio. Disponível em: <http://www.stf.jus.br/arquivo/informativo/documento/informativo524. htm#Reclamação%20e%20Criação%20por%20Regimento%20Interno%20-%201>.

PARTE IV

SERVIÇO PÚBLICO

1. JUSTIÇA DESPORTIVA. ATUAÇÃO DO MAGISTRADO

Ao julgar o MS 25.938-8-DF, a 24.4.2008, relatado pela Min. Cármen Lúcia, o Pleno do STF negou a segurança pretendida, para reconhecer válida a Resolução n. 10, de 19.12.2005, do Conselho Nacional de Justiça, que proibia o exercício simultâneo de funções na Magistratura e nos tribunais de justiça desportiva e comissões disciplinares.

O noticiário a respeito é o seguinte:

"O plenário do Supremo Tribunal Federal (STF) negou, por unanimidade, Mandado de Segurança (MS) 25938 contra a Resolução 10, de 19.12.2005, do Conselho Nacional de Justiça (CNJ) impetrado por seis magistrados, em exercício, que também integravam os quadros da justiça desportiva. Alegavam os impetrantes que a referida resolução violava-lhes o 'direito líquido e certo', na medida em que lhes proibiu o exercício simultâneo de funções nos tribunais de justiça desportiva e comissões disciplinares, com a magistratura, determinando que os membros do judiciário que exerciam tais funções, delas se desligassem até 31 de dezembro de 2005.

Eles sustentavam que as atividades na justiça desportiva não se enquadram nas proibições existentes na Constituição e na Lei Orgânica da Magistratura (Loman) dirigida aos magistrados. Segundo eles, 'não se trataria de cargo ou função pública, sendo o exercício de atividades na justiça desportiva feito de maneira não remunerada e sem caráter propriamente técnico'. Além disso, argumentavam que a justiça desportiva não integra a estrutura do Poder Judiciário de maneira a impedir o exercício cumulativo de suas funções por magistrados.

Ao decidir o pedido de liminar, a ministra-relatora Cármen Lúcia lembrou que os juízes não podem exercer outra função pública salvo o magistério. 'Não vislumbro qualquer ilegalidade e abuso de poder no ato do CNJ, razão por denegar a segurança e determinar o prejuízo do agravo regimental interposto', afirmou. Quanto à natureza quase pública dos cargos e funções da justiça desportiva 'ainda que pudesse ser superado (que eu não tenho como possível)', destacou, não cabe a acumulação de cargo de juiz com outro que não seja público. 'Resta ainda apreciar a natureza das funções de justiça desportiva para concluir integralmente sobre o quanto posto nesta ação sobre a natureza e a sua inclusão ou não no rol de cargo ou função acumulável com a de juiz', destacou.

Lembrou, também, o art. 217, parágrafo 1º, da Constituição Brasileira que dispõe que 'o Poder Judiciário só admite ações relativas a disciplina e a competições desportivas após esgotarem-se as instâncias da justiça desportiva regulada em lei'. Ressaltou também que 'a Constituição, a despeito de não ter expressamente afirmado, determina que o cargo de juiz só pode ser acumulado com a função de magistério'. Levou, em conta, também, a elevada carga de trabalho que cabe aos juízes. 'A participação de magistrado configuraria prejuízo na função judicante', ressaltou.

Ao proferir seu voto, o ministro Cezar Peluso reforçou o voto da relatora. 'Apenas o reforço a ideia de que a função pública tem de produzir os resultados idôneos, a satisfação e os interesses públicos previstos na lei e no ordenamento jurídico'. Justificou, assim, o princípio da dedicação exclusiva, 'que aos juízes, salvo na função de magistério, devem reservar-se'. Ressaltou, ainda, o volume de trabalho atribuído aos juízes, sendo muitos, segundo ele, que abrem mão de momentos de lazer para 'pôr o serviço em dia'.

Ao proferir seu voto negando o mandado de segurança, a ministra Cármen Lúcia foi acompanhada, por unanimidade, pelos demais ministros da Corte. Assim, o Plenário do STF manteve decisão do CNJ que impede os membros do Poder Judiciário de atuarem na justiça desportiva".[41]

---

[41] Disponível em: <http://www.stf.jus.br/portal/cms/verNotociaDetalhe.asp?idConteudo=87702&caixaBusca=N>.

O julgado tem a seguinte ementa:

"MANDADO DE SEGURANÇA. RESOLUÇÃO N. 10/2005, DO CONSELHO NACIONAL DE JUSTIÇA. VEDAÇÃO AO EXERCÍCIO DE FUNÇÕES, POR PARTE DOS MAGISTRADOS, EM TRIBUNAIS DE JUSTIÇA DESPORTIVA E SUAS COMISSÕES DISCIPLINARES. ESTABELECIMENTO DE PRAZO PARA DESLIGAMENTO. NORMA PROIBITIVA DE EFEITOS CONCRETOS. INAPLICABILIDADE DA SÚMULA N. 266 DO SUPREMO TRIBUNAL FEDERAL. IMPOSSIBILIDADE DE ACUMULAÇÃO DO CARGO DE JUIZ COM QUALQUER OUTRO, EXCETO O DE MAGISTÉRIO.

1. A proibição jurídica é sempre uma ordem, que há de ser cumprida sem que qualquer outro provimento administrativo tenha de ser praticado. O efeito proibitivo da conduta — acumulação do cargo de integrante do Poder Judiciário com outro, mesmo sendo este o da Justiça Desportiva — dá-se a partir da vigência da ordem e impede que o ato de acumulação seja tolerado.

2. A Resolução n. 10/2005, do Conselho Nacional de Justiça, consubstancia norma proibitiva, que incide, direta e imediatamente, no patrimônio dos bens juridicamente tutelados dos magistrados que desempenham funções na Justiça Desportiva e é caracterizada pela autoexecutoriedade, prescindindo da prática de qualquer outro ato administrativo para que as suas determinações operem efeitos imediatos na condição jurídico-funcional dos Impetrantes. Inaplicabilidade da Súmula n. 266 do Supremo Tribunal Federal.

3. As vedações formais impostas constitucionalmente aos magistrados objetivam, de um lado, proteger o próprio Poder Judiciário, de modo que seus integrantes sejam dotados de condições de total independência e, de outra parte, garantir que os juízes dediquem-se, integralmente, às funções inerentes ao cargo, proibindo que a dispersão com outras atividades deixe em menor valia e cuidado o desempenho da atividade jurisdicional, que é função essencial do Estado e direito fundamental do jurisdicionado.

4. O art. 95, parágrafo único, inc. I, da Constituição da República vinculou-se a uma proibição geral de acumulação do cargo de juiz com qualquer outro, de qualquer natureza ou feição, salvo uma de magistério.

5. Segurança denegada".[42]

---

[42] MS 25.938-8-DF, de 24.4.2008 (Antônio Augusto de Toledo Gaspar *vs.* Conselho Nacional de Justiça). Rel.: Min. Cármen Lúcia (DJ n. 172, Seção 1, de 12.9.2008, p. 370).

2. REGIME JURÍDICO ÚNICO. JUSTIÇA COMUM

O STF fixou entendimento no sentido de que as vantagens trabalhistas que servidores públicos adquirirem após a implantação do Regime Jurídico Único (RJU) podem ser apreciadas pela Justiça Estadual, e não pela Justiça do Trabalho. Foi no julgamento do CC 7.242-3-MG, relatado pelo Min. Eros Grau, a 18.9.2008. A informação a respeito é a seguinte:

> *"Compete à Justiça do Trabalho processar e julgar reclamação trabalhista de servidor público relativamente a vantagens trabalhistas anteriores à implantação do Regime Jurídico Único — RJU. Com base nesse entendimento, o Tribunal conheceu de conflito de competência (CF, art. 102, I, o), suscitado pelo Juiz de Direito da Vara Cível de Presidente Olegário — MG em face do TST, e, por maioria, declarou a competência do primeiro para julgar reclamação trabalhista ajuizada contra o Município de Presidente Olegário — MG em que se pleiteiam verbas decorrentes da rescisão, sem justa causa, de contrato de trabalho regido pela CLT, que dizem respeito a período posterior à instituição do RJU. Na espécie, a Junta de Conciliação e Julgamento julgara procedente a reclamação. Esta decisão fora confirmada pelo TRT da 3ª Região e transitara em julgado. Posteriormente, o referido município ajuizara ação rescisória, e, ante o julgamento de sua improcedência, interpusera recurso ordinário. O TST, declarando a incompetência da Justiça do Trabalho, dera provimento ao recurso para anular todas as decisões proferidas e determinar a remessa dos autos à Justiça Estadual. Os autos foram enviados ao Juízo de Direito da Vara de Presidente Olegário, mas o magistrado, tendo em conta que o vínculo contratual entre o reclamante e o município assumia caráter empregatício, e que o reclamante não tinha jus à estabilidade excepcional, prevista no art. 19 do ADCT/88, deter-*

minara o retorno dos autos ao TST. Este, entendendo suscitado conflito negativo de competência, enviara os autos ao STJ, que os remetera ao Supremo. Considerou-se que a transferência do regime jurídico de celetista para estatutário implica a extinção do contrato de trabalho, e que, no caso, inexiste relação de emprego sujeita à apreciação da Justiça trabalhista. Vencido o Min. Marco Aurélio que, tendo em conta que se questiona uma consequência do contrato de trabalho que vigorou até então, entendia ser competente a Justiça do Trabalho. Aduziu que não se estaria questionando um direito oriundo em si da nova relação jurídica, mas da pretérita, a trabalhista. Precedentes citados: CC 7027/PE (DJU de 1º.9.95); CC 7089/DF (DJU de 15.6.2004); CC 7058/MG (DJU de 20.3.2006); CC 7136/MG (DJU de 11.6.2003); AI 405416 AgR/RS (DJU de 27.2.2004); AI 198471 AgR/DF (DJU de 20.10.97)".[43]

O julgado ficou assim ementado:

"CONFLITO DE COMPETÊNCIA. JUIZ ESTADUAL DE PRIMEIRA INSTÂNCIA E TRIBUNAL SUPERIOR DO TRABALHO. COMPETÊNCIA DO SUPREMO TRIBUNAL FEDERAL PARA JULGAMENTO DO CONFLITO. RECLAMAÇÃO TRABALHISTA. VERBAS PLEITEADAS QUANTO A PERÍODO POSTERIOR À IMPLANTAÇÃO DO REGIME JURÍDICO ÚNICO. COMPETÊNCIA DA JUSTIÇA ESTADUAL.

1. O Supremo Tribunal Federal é competente para dirimir o conflito entre Juízo Estadual de primeira instância e o Tribunal Superior do Trabalho, nos termos dispostos no art. 102, I, 'o', da Constituição do Brasil. Precedente [CC n. 7.027, Relator o Ministro CELSO DE MELLO, DJ de 1.9.95].

2. A jurisprudência desta Corte é no sentido de que compete exclusivamente à Justiça do Trabalho processar e julgar reclamação de servidor público relativamente a vantagens tra-

---

[43] Cf. Informativo STF n. 520, de 19.9.2008.

balhistas anteriores à instituição do Regime Jurídico Único. Precedente [AI n. 405.416 — AgR, Relator o Ministro CARLOS VELLOSO, DJ de 27.2.04].

3. Hipótese em que as verbas postuladas pelo reclamante respeitam a período posterior à implantação do Regime Jurídico Único. Conflito conhecido para declarar a competência da Justiça Estadual".[44]

---

[44] CC 7.242-3-MG, de 18.9.2008 (Juiz de Direito da Vara Cível de Presidente Olegário vs. Tribunal Superior do Trabalho. Interessados: Jader Ferreira dos Santos e Município de Presidente Olegário). Rel.: Min. Eros Grau (DJ n. 241, de 19.12.2008, p. 251).

PARTE V

PREVIDÊNCIA SOCIAL

1. APOSENTADORIA COMPULSÓRIA PARA NOTÁRIOS

A regra da aposentadoria compulsória, contemplada no art. 40, § 1º, II, da Constituição, é inaplicável aos notários e aos oficiais de registro, tal como foi decidido no AG RG 432.386-9-PE, de 20.6.2006.[45] Foi o que concluiu o Pleno do STF, julgando o Agravo Regimental na Tutela Antecipada da AR 2.028-2-PE, a 26.3.2008, relatada pelo Min. Gilmar Mendes.

O noticiário a respeito consigna:

> *"Tabelião público do 1º Cartório de Registro de Notas e Anexos da Comarca de Cupira (PE), Amaro Avelino de Arruda obteve decisão favorável no Supremo Tribunal Federal (STF). A Corte, ao negar provimento a um recurso (agravo regimental) interposto pelo estado de Pernambuco, reafirmou que tabeliães e registradores não se submetem à aposentadoria compulsória aos 70 anos de idade.*
>
> *O estado de Pernambuco ajuizou Ação Rescisória (AR 2028) com o objetivo de anular decisão da Primeira Turma do STF no agravo regimental em Recurso Extraordinário (RE) 432386. Nesse julgamento, o Supremo entendeu que não se poderia aplicar aos notários e oficiais de registro aposentadoria compulsória prevista no artigo 40, parágrafo 1º, II, da Constituição Federal, com redação dada pela EC 20/98. Neste sentido, o relator da matéria ministro Gilmar Mendes indeferiu pedido de antecipação de tutela formulado pelo estado na ação rescisória.*

---

[45] AG RG 432.386-9-PE, de 20.6.2006 (Estado de Pernambuco *vs.* Amaro Avelino de Arruda. Interessado: Paulo Rometo de Arruda). Rel.: Min. Ricardo Lewandowski (DJ n. 159, Seção 1, de 18.8.2006, p. 388).

Conforme a ação, o estado de Pernambuco argumentava que a decisão questionada não levou em conta erro de fato que Amaro Avelino de Arruda completou 70 anos de idade antes da EC n. 20/98, especificamente em 30 de junho de 1998.

Julgamento

'O agravo não merece prosperar', considerou o relator, ministro Gilmar Mendes. Segundo ele, o estado de Pernambuco apenas apresenta os mesmos fundamentos da petição inicial a fim de sustentar a presença dos requisitos para a concessão da tutelar antecipada. 'Tais fundamentos já foram levados em consideração quando da apreciação à inicial do pedido', disse.

De acordo com Mendes, o indeferimento do pedido de antecipação de tutela teve como base, em análise sumária dos autos, 'a inegável necessidade de se instalar o contraditório abrindo oportunidade para que o réu se pronuncie a respeito das teses formuladas na inicial, cuja verossimilhança não se apresenta suficientemente clara diante da inexistência de provas inequívocas nos autos'. Por essas razões, o relator negou provimento ao recurso de agravo regimental e foi seguido por unanimidade dos votos".[46]

---

[46] Disponível em: <http://www.stf.gov.br/portal/cms/verNoticiaDetalhe.asp?idConteudo=85398>. Acesso em: 27.3.2008 (AR-2.028-2-PE, de 26.3.2008 (AgReg na Tutela Antecipada), de 26.3.2008 (Estado de Pernambuco *vs.* Amaro Avelino de Arruda) Rel.: Min. Gilmar Mendes (DJ n. 74, Seção 1, de 26.4.2008, p. 96).

2. APOSENTADOS. COMPLEMENTAÇÃO DE APOSENTADORIA[47]. DEFINIÇÃO DE COMPETÊNCIA

É da Justiça do Trabalho a competência para apreciar questões envolvendo empregados aposentados do Banco Nossa Caixa S/A, que questionavam a transferência de sua folha de pagamento para a Secretaria da Fazenda do Estado de São Paulo, no que tange à complementação de aposentadoria, e contrários ao desconto de 11% de contribuição previdenciária sobre seus proventos. Assim foi decidido, em despacho em liminar negada na Rcl 5.698-8-SP, pela Min. Ellen Gracie, a 15.1.2008, cujo teor integral é o seguinte:

"1. Trata-se de reclamação constitucional, com pedido de liminar, ajuizada pelo Estado de São Paulo e por ele assim resumida:

'A presente reclamação dirige-se contra a r. sentença prolatada pelo magistrado da 37ª Vara do Trabalho de São Paulo, do Tribunal Regional do Trabalho da 2ª Região, processo n. 01284200603702000, que reconheceu a competência da Justiça do Trabalho, para processar e julgar a demanda cujo objeto é impedir a transferência da folha de pagamento de empregados aposentados do Banco Nossa Caixa S/A, para a Secretaria da Fazenda do Estado de São Paulo, como também a manutenção do pagamento da complementação de aposentadoria, sem modificação, inclusive, sem cobrança de contribuição previdenciária, temas esses envolvendo matéria titpicamente administrativa, e, a cobrança, direito tributário'.

O reclamante alega, em síntese, que tal atuação se mostra atentatória à autoridade da decisão proferida pelo Plenário

---

[47] Sobre complementação de aposentadoria, v., nesta coletânea, v. 10, p. 98; v. 11, p. 52.

*desta Corte nos autos da ADI 3.395-MC/DF, que suspendeu qualquer interpretação do art. 114, I, da Constituição da República — na redação da EC 45/2004 — que inclua na competência da Justiça especializada do Trabalho a apreciação de causas instauradas entre o Poder Público e seus servidores, tendo por **base** vínculo de ordem estatutária ou jurídico-administrativa.*

Requer, ao final, a concessão de medida liminar, determinando-se a imediata suspensão do processamento da reclamação mencionada, bem como dos efeitos da antecipação de tutela.

As informações requisitadas pelo eminente Relator, Ministro Eros Grau (fl. 57), não foram prestadas (fl. 60).

Iniciado o recesso forense, vieram-me os autos para a apreciação da medida liminar pleiteada (RISTF, art. 13, VIII), que passo a examinar.

2. Estivesse a reclamação trabalhista limitada à discussão da transferência da folha de pagamento dos aposentados da Nossa Caixa S/A para a Secretaria de Fazenda do Estado de São Paulo, poder-se-ia cogitar na configuração de causa tendo por base vínculo de ordem jurídico-administrativa.

Contudo, essa transferência parece ter modificado direitos típicos de uma relação fundada na Consolidação das Leis do Trabalho.

De fato, parece não haver controvérsia quanto à natureza celetista do contrato de trabalho firmado entre os ora interessados, conforme se depreende do seguinte trecho da sentença questionada (apenso 2, fl. 325):

> *'Nos casos em que a controvérsia estabelecida envolver pedido de complementação de aposentadoria a competência material para o julgamento da lide é definida pelo teor da causa de pedir e do pedido. Isso significa que o órgão julgador deve verificar se o pedido de complementação de aposentadoria advém do contrato de trabalho ou do contrato de adesão ao plano de previdência complementar. Se o pedido de complementação de aposentadoria decorre do contrato de trabalho, ou seja, a causa de*

pedir e o pedido têm como fundamento a relação de emprego, a competência será exclusivamente da Justiça do Trabalho, a teor do disposto no art. 114 CF.

No caso em tela verifica-se que a adesão ao plano de complementação de aposentadoria decorreu exclusivamente da relação empregatícia mantida entre os Reclamantes e o Banco Nossa Caixa S/A. Conclui-se, portanto, que a complementação de aposentadoria discutida nestes autos é resultado direto da relação empregatícia havida entre os Reclamantes e o Banco Nossa Caixa S/A. Afasto a preliminar'.

E foi com base nessa premissa que a autoridade reclamada decidiu sobre o pedido de afastamento da contribuição previdenciária nos proventos dos autores, verbis *(apenso 2, fls. 326-327):*

'A 1ª Reclamada' [Banco Nossa Caixa S/A] 'inicialmente erigia-se sob a forma de autarquia, transformada em sociedade anônima por intermédio da Lei 10.430 de 16.12.71, ocasião em que os servidores tiveram a possibilidade de optar pelo regime celetista ou pela permanência no regime estatutário, sendo que, após dita transformação, somente houve contratação pelo regime celetista. Diante disso, a 1ª Ré possuía corpo funcional composto por estatutários puros, estatutários que optaram pelo regime celetista, como é o caso dos Reclamantes, integrantes do chamado grupo A e, por fim, celetistas puros.

De fato, o Decreto Estadual n. 7.711, de 19.03.76, concedeu o direito à aposentadoria integral, contudo, o fez unicamente em relação aos estatutários que optaram pelo regime celetista (art. 7º), hipótese que abarca os Autores da presente ação.

Não há controvérsia nos autos quanto ao fato da reclamante ter direito à complementação de aposentadoria. A controvérsia gira em torno da transferência do pagamento à Secretaria da Fazenda do Estado de São Paulo e da possibilidade do desconto previdenciário de 11% dos proventos da autora.

A primeira Reclamada instituiu o pagamento de complementação de aposentadoria aos seus empregados enquanto ainda vigorava o contrato de trabalho dos autores, sendo que a segunda Reclamada' [Economus — Instituto e Seguridade Social] *'era a responsável pela concessão do benefício. A Fazenda do Estado assumiu a obrigação de pagamento da parcela cabível a primeira Reclamada, sendo que a segunda Reclamada continuou responsável pela maior parcela das complementações devidas aos aposentados.*

A complementação de aposentadoria tem, portanto, natureza privada e a alteração da administração e processamento de folha de pagamento não tem o condão de alterar essa natureza. Tratam-se de contratos de trabalho regidos pela Consolidação das Leis do Trabalho, de acordo com a opção feita em 1971, sendo incabível a modificação do pagamento, tendo em vista o previsto no art. 468 da Consolidação das Leis do Trabalho.

A complementação instituída no curso do contrato e paga de forma habitual e por período de tempo considerável se incorpora ao contrato de trabalho e ao patrimônio do empregado, não havendo que se falar na sua supressão.

Destarte, entendo indevido o desconto de 11% a título de contribuição previdenciária sobre os proventos recebidos pelos Autores, razão pela qual condeno as Rés, de maneira solidária, com fulcro no artigo 942 do Código Civil, posto que responsáveis pela ofensa ao direito dos Reclamantes, à devolução dos descontos já efetivados, abstendo-se de realizar os descontos sob o mesmo título, mantendo o pagamento da contribuição nos mesmos moldes do procedimento quando da aposentadoria'.

Importante ressaltar, ainda, o que afirmado no julgamento dos embargos de declaração opostos (apenso 2, fl. 360):

'Por outro lado, no que concerne à Emenda Constitucional n. 41, a contribuição previdenciária de 11% sobre os proventos de aposentadoria não são aplicáveis aos

Autores, primeiro porque o artigo 40 da Carta Magna não se dirige aos Reclamantes, e segundo porque a complementação de aposentadoria concedida, deu-se de acordo com as regras do contrato de trabalho havido entre as partes'.

3. Ora, é assente neste Supremo Tribunal, a competência da Justiça especializada do Trabalho para apreciação de causas relativas à complementação de pensão ou de proventos de aposentadoria, quando **decorrentes de contrato de trabalho***. Nesse sentido: AI 664.781-AgR, 2ª Turma, rel. Min. Eros Grau, unânime, DJ de 23.11.07, AI 198.260-AgR, 1ª Turma, rel. Min. Sydney Sanches, DJ de 16.11.01, AI 545.088-AgR, 1ª Turma, rel. Min. Eros Grau, unânime, DJ de 4.11.05, entre outros.*

Daí por que não há falar, num primeiro exame, em afronta à decisão proferida pelo Plenário desta Corte nos autos da ADI 3.395-MC/DF, rel. Min. Cezar Peluso, DJ 10.11.2006.

4. Ante o exposto, **indefiro o pedido de liminar***.*

Reitere-se o pedido de informações.

Publique-se".[48]

Acerca dessa decisão, foi divulgada a seguinte notícia:

"A presidente do Supremo Tribunal Federal (STF), ministra Ellen Gracie, reconheceu a competência da Justiça do Trabalho para julgar um processo em que funcionários aposentados do Banco Nossa Caixa S/A se insurgem contra a transferência de sua folha de pagamentos para a Secretaria da Fazenda do Estado de São Paulo e contra o desconto de 11% a título de contribuição previdenciária sobre seus proventos.

A decisão foi tomada nos autos da Reclamação (RCL) 5698, com pedido de liminar, proposta pelo governo de São

---

[48] Rcl 5.698-8-SP, de 15.1.2008 (Estado de São Paulo *vs.* Tribunal Regional do Trabalho da 2ª Região (Prof. n. 01284-2006-037-02-00-0). Interessados: Milva Moreira Dias e outro(a/s), Economus Instituto de Seguridade Social e Banco Nossa Caixa S/A). Prolatora do despacho: Min. Ellen Gracie (DJ n. 19, Seção 1, de 6.2.2008, p. 65).

Paulo para impugnar sentença prolatada pelo juiz da 37ª Vara do Trabalho de São Paulo, que reconheceu a competência da justiça trabalhista para processar e julgar a demanda. O Executivo paulista alega que a sentença atenta contra decisão proferida pelo Plenário do STF nos autos da ADI 3.395. Neste julgamento, o STF afastou da Justiça do Trabalho o julgamento de causas instauradas entre o Poder Público e seus servidores, tendo por base vínculo de ordem estatutária ou jurídico-administrativa.

Ao indeferir o pedido de liminar, no entanto, a ministra Ellen Gracie reportou-se ao teor da sentença impugnada, segundo a qual a complementação da aposentadoria discutida nos autos é resultado direto da relação empregatícia entre os reclamantes e o Banco Nossa Caixa S/A. Ainda segundo o juiz do Trabalho, este banco teve seu regime jurídico inicial (autarquia) alterado para o de sociedade anônima pela Lei 10.430/71. Naquela oportunidade, os servidores tiveram a possibilidade de optar pelo regime celetista ou pela permanência no regime estatutário. Assim, o banco passou a contratar pessoal, a partir daquela transformação, somente em regime celetista. Mas seu corpo funcional passou a ser composto por estatutários puros, estatutários que optaram pelo regime da CLT (Consolidação das Leis do Trabalho) e celetistas puros.

Na sentença, o juiz do Trabalho recorda que os autores do processo na Justiça Trabalhista fazem parte do segundo grupo, que optou pelo regime de CLT. E o Decreto Estadual n. 7.711/76 concedeu a eles o direito a aposentadoria integral. Portanto, afirma ele, não há controvérsia quanto a esta complementação. A controvérsia gira em torno da transferência do pagamento e à possibilidade de desconto previdenciário de 11%.

Também na sentença impugnada, o juiz afirma que Banco Nossa Caixa instituiu o pagamento de complementação de aposentadoria a seus empregados enquanto ainda vigorava o contrato de trabalho dos autores da ação, ao passo que o Economus — Instituto de Seguridade Social era responsável pela concessão do benefício. E a Fazenda do Estado assumiu a obrigação de pagar a parcela cabível ao banco, enquanto o Economus continuou responsável pela maior parcela das complementações devidas aos aposentados.

'*A complementação de aposentadoria tem, portanto, natureza privada, e a alteração da administração e processamento de folha de pagamento não tem o condão de alterar essa natureza*', afirma o juiz do trabalho na sentença, citada pela presidente do STF em sua decisão. '*Trata-se de contratos de trabalho regidos pela CLT, de acordo com a opção feita em 1971, sendo incabível a modificação do pagamento, tendo em vista o previsto no artigo 468 da CLT*'. O artigo mencionado somente admite modificação de contrato individual mediante mútuo consentimento e desde que a alteração não traga prejuízo ao empregado.

A ministra citou, por fim, vários precedentes em que o STF decidiu pela competência da Justiça do Trabalho para apreciar causas relativas à complementação de pensão ou de proventos de aposentadoria, quando decorrentes de contrato de trabalho. Entre eles estão os Agravos de Instrumento (AI) 664781, 545088 e AI 198260".[49]

Situação diversa, porém, é quando se tratar de questionar a complementação mesma da aposentadoria. Nesse caso, a ação foi ajuizada contra entidade de previdência privada. Foi o que decidiu a 1ª Turma do STF, a 26.8.2008, no julgamento do AG RG no AI 570.429-9-RS, relatado pelo Min. Ricardo Lewandowski, com a seguinte ementa:

> "*CONSTITUCIONAL. AGRAVO REGIMENTAL EM AGRAVO DE INSTRUMENTO. COMPLEMENTAÇÃO DE APOSENTADORIA. PREVIDÊNCIA PRIVADA. COMPETÊNCIA PARA PROCESSAR E JULGAR O FEITO. JUSTIÇA COMUM. NECESSIDADE DE EXAME DE MATÉRIA DE FATO E INTERPRETAÇÃO DE CLÁUSULAS CONTRATUAIS. IMPOSSIBILIDADE. SÚMULAS 279 E 454 DO STF. AGRAVO IMPROVIDO.*
>
> *I — A jurisprudência desta Corte firmou-se no sentido de que compete à Justiça Comum o julgamento de causa que verse sobre complementação de aposentadoria ajuizada contra entidade de previdência privada. Precedentes.*

---

[49] Disponível em: <http://www.stf.gov.br/portal/cms/verNoticiaDetalhe.asp?idConteudo=81382&caixa Busca=N>. Acesso em: 27.3.2008.

II — A apreciação do RE demanda o exame de matéria de fato e a interpretação de cláusulas contratuais, o que atrai a incidência das Súmulas 279 e 454 desta Corte.

III — Agravo regimental improvido".

O Acórdão é, na íntegra, o seguinte:

"RELATÓRIO

O Sr. Ministro RICARDO LEWANDOWSKI: — Trata-se de agravo regimental contra decisão que entendeu competente para processar e julgar causas que versem acerca de complementação de aposentadoria devida por entidade de previdência privada.

A ora agravante insistiu, em síntese, na tese de que a competência é da Justiça do Trabalho e que a ofensa à Constituição é direta e não demanda análise de provas ou cláusulas contratuais.

É o relatório.

VOTO

O Sr. Ministro RICARDO LEWANDOWSKI (Relator): Bem reexaminada a questão, verifica-se que a decisão não merece reforma.

Com efeito, como consignado na decisão ora agravada através de precedentes de ambas as Turmas, a jurisprudência desta Corte firmou-se no sentido de que compete à Justiça Comum o julgamento de causa que verse sobre complementação de aposentadoria ajuizada contra entidade de previdência privada.

Nesse mesmo sentido, cito, entre outras, as seguintes decisões: AI 695.265-AgR/RS e AI 458.151-ED-AgR/PB, Rel. Min. Eros Grau; RE 175.673/DF, Rel. Min. Moreira Alves; RE 467.622/RS, Rel. Min. Carlos Britto; RE 526.615-AgR/RS, Rel. Min. Cármen Lúcia; AI 441.426-AgR/RS, Rel. Min. Cezar Peluso; AI 556.099/MG, Rel. Min. Gilmar Mendes.

Transcrevo, ainda, trecho da decisão que proferi no CC 7.556/MG:

'Percebe-se, assim, que, mesmo após as significativas alterações decorrentes das EC 20 e 45, o constituinte não outorgou à Justiça do Trabalho a competência para conhecer e julgar ações que discutam relações previdenciárias privadas, de natureza contratual, estabelecidas entre uma entidade fechada de previdência complementar e seus beneficiários. Ainda que assim não fosse, inexiste lei que remeta à Justiça do Trabalho a apreciação do tema.

Enfim, da leitura combinada dos arts. 144 e 202, § 2º, da Constituição Federal, forçoso é concluir que o plano de benefício previdenciário contratado pelo empregador não integra o contrato de trabalho, devendo as eventuais divergências em torno do fiel cumprimento das cláusulas nele pactuadas serem dirimidas pela Justiça Comum.

Isso posto, conheço do presente conflito negativo de competência para declarar competente a Justiça Comum estadual, mantendo, assim, o acórdão do Tribunal Superior do Trabalho'.

Além disso, a apreciação do RE demanda o exame de matéria de fato e a interpretação de cláusulas contratuais, o que atrai a incidência das Súmulas 279 e 454 desta Corte.

Isso posto, nego provimento ao agravo regimental".[50]

---

[50] AG REG no AI 570.429-9-RS, de 26.8.2008 (Fundação Banrisul de Seguridade Social *vs.* Silvio Porto Lima). Rel.: Ministro Ricardo Lewandowski (DJ n. 172, Seção 1, de 12.9.2008, p. 91).

PARTE VI

OUTROS TEMAS

1. CÉLULAS-TRONCO

Um tema altamente relevante para a humanidade é o relativo ao uso de células-tronco. O assunto envolve ciência e religião, e causou grande polêmica no Brasil, a partir do momento em que foi pretendida a declaração de inconstitucionalidade do art. 5º da Lei n. 11.105/05.

Os avanços científicos com vista à utilização do embrião humano para fins de pesquisa e terapia precisavam da autorização da Suprema Corte. Afinal, negar a vida quando sobejamente provado que não estava sendo praticado nenhum ato delituoso com o uso da célula-tronco, mas apenas a sua aplicação para salvar vidas.

Depois de demorados debates, não apenas na Alta Corte, mas envolvendo toda a sociedade brasileira, e mesmo manifestações estrangeiras, finalmente, a ação foi julgada improcedente e abriu-se uma esperança para milhares de pessoas que dependem desse procedimento científico para continuar a viver.

A relevância histórica desse feito motiva a que se transcreva o que foi divulgado pelo STF, acerca da ADIN 3.510-0-DF, cujo julgamento iniciou a 5.3.2008, terminando a 29.5.2008, com a relatoria do Min. Carlos Britto. Ei-lo:

> *"Em conclusão, o Tribunal, por maioria, julgou improcedente pedido formulado em ação direta de inconstitucionalidade proposta pelo Procurador-Geral da República contra o art. 5º da Lei federal 11.105/2005 (Lei da Biossegurança), que permite, para fins de pesquisa e terapia, a utilização de células-tronco embrionárias obtidas de embriões humanos produzidos por fertilização 'in vitro' e não usados no respectivo procedimento, e estabelece condições para essa utilização — v. Informativo 497. Prevaleceu o voto do Min. Carlos Britto, relator. Nos termos do seu voto, salientou, inicialmente, que o artigo impugnado seria um bem concatenado bloco normativo que,*

sob condições de incidência explícitas, cumulativas e razoáveis, contribuiria para o desenvolvimento de linhas de pesquisa científica das supostas propriedades terapêuticas de células extraídas de embrião humano 'in vitro'. Esclareceu que as células-tronco embrionárias, pluripotentes, ou seja, capazes de originar todos os tecidos de um indivíduo adulto, constituiriam, por isso, tipologia celular que ofereceria melhores possibilidades de recuperação da saúde de pessoas físicas ou naturais em situações de anomalias ou graves incômodos genéticos. Asseverou que as pessoas físicas ou naturais seriam apenas as que sobrevivem ao parto, dotadas do atributo a que o art. 2º do Código Civil denomina personalidade civil, assentando que a Constituição Federal, quando se refere à 'dignidade da pessoa humana' (art. 1º, III), aos 'direitos da pessoa humana' (art. 34, VII, b), ao 'livre exercício dos direitos... individuais' (art. 85, III) e aos 'direitos e garantias individuais' (art. 60, § 4º, IV), estaria falando de direitos e garantias do indivíduo-pessoa. Assim, numa primeira síntese, a Carta Magna não faria de todo e qualquer estádio da vida humana um autonomizado bem jurídico, mas da vida que já é própria de uma concreta pessoa, porque nativiva, e que a inviolabilidade de que trata seu art. 5º diria respeito exclusivamente a um indivíduo já personalizado.

O relator reconheceu, por outro lado, que o princípio da dignidade da pessoa humana admitiria transbordamento e que, no plano da legislação infraconstitucional, essa transcendência alcançaria a proteção de tudo que se revelasse como o próprio início e continuidade de um processo que desaguasse no indivíduo-pessoa, citando, no ponto, dispositivos da Lei 10.406/2002 (Código Civil), da Lei 9.434/97, e do Decreto-lei 2.848/40 (Código Penal), que tratam, respectivamente, dos direitos do nascituro, da vedação à gestante de dispor de tecidos, órgãos ou partes de seu corpo vivo e do ato de não oferecer risco à saúde do feto, e da criminalização do aborto, ressaltando, que o bem jurídico a tutelar contra o aborto seria um organismo ou entidade pré-natal sempre no interior do corpo feminino. Aduziu que a lei em questão se referiria, por sua vez, a embriões derivados de uma fertilização artificial, obtida fora da relação sexual, e que o emprego das células-tronco embrionárias para os fins a que ela se destina não implicaria aborto. Afirmou que haveria base constitucional para um casal de adultos recorrer a técnicas de reprodução assistida que incluísse a fertilização in vitro, que os artigos 226 e seguintes da Constituição Federal disporiam que o homem e a mulher são as células formadoras da família e que, nesse conjunto normativo, estabelecer-se-ia a figura do planejamento familiar, fruto da livre decisão do casal e fundado nos princípios da dignidade da pessoa humana e da paternidade responsável (art. 226, § 7º), inexistindo, entretanto, o dever jurídico desse casal de aproveitar todos os embriões eventualmente formados e que se revelassem geneticamente viáveis, porque não imposto por lei (CF, art. 5º, II) e incompatível com o próprio planejamento familiar.

Considerou, também, que, se à lei ordinária seria permitido fazer coincidir a morte encefálica com a cessação da vida de uma certa pessoa humana, a justificar a remoção de órgãos, tecidos e partes do corpo ainda fisicamente pulsante para fins de transplante, pesquisa e tratamento (Lei 9.434/97), e se o embrião humano de que trata o art. 5º da Lei da Biossegurança é um ente absolutamente incapaz de qualquer resquício de vida encefálica, a afirmação de incompatibilidade do último diploma legal com a Constituição haveria de ser afastada. Por fim, acrescentou a esses fundamentos, a rechaçar a inconstitucionalidade do dispositivo em questão, o direito à saúde e à livre expressão da atividade científica. Frisou, no ponto, que o § 4º do art. 199 da CF ('A lei disporá sobre as condições e os requisitos que facilitem a remoção de órgãos, matecidos e substâncias humanas para fins de transplante, pesquisa e tratamento, bem como a coleta, processamento e transfusão de sangue e seus derivados, sendo vedado todo tipo de comercialização.') faria parte, não por acaso, da seção normativa dedicada à saúde, direito de todos e dever do Estado (CF, art. 196), que seria garantida por meio de ações e serviços qualificados como de relevância pública, com o que se teria o mais venturoso dos encontros entre esse direito à saúde e a própria Ciência (CF, art. 5º, IX). Vencidos, parcialmente, em diferentes extensões, os Ministros Menezes Direito, Ricardo Lewandowski, Eros Grau, Cezar Peluso e Gilmar Mendes, Presidente.

O Min. Eros Grau estabeleceu, em termos aditivos, os seguintes requisitos a serem atendidos na aplicação dos preceitos: 1) a pesquisa e a terapia mencionadas no <u>caput</u> do art. 5º serão empreendidas unicamente se previamente autorizadas por comitê de ética e pesquisa do Ministério da Saúde (não apenas das próprias instituições de pesquisa e serviços de saúde, como disposto no § 2º do art. 5º); 2) a fertilização 'in vitro' referida no <u>caput</u> do art. 5º corresponde a terapia da infertilidade humana adotada exclusivamente para fim de reprodução humana, em qualquer caso proibida a seleção genética, admitindo-se a fertilização de um número máximo de 4 óvulos por ciclo e a transferência, para o útero da paciente, de um número máximo de 4 óvulos fecundados por ciclo; a redução e o descarte de óvulos fecundados são vedados; 3) a obtenção de células-tronco a partir de óvulos fecundados — ou embriões humanos produzidos por fertilização, na dicção do art. 5º, <u>caput</u> — será admitida somente quando dela não decorrer a sua destruição, salvo quando se trate de óvulos fecundados inviáveis, assim considerados exclusivamente aqueles cujo desenvolvimento tenha cessado por ausência não induzida de divisão após período superior a 24 horas; nessa hipótese poderá ser praticado qualquer método de extração de células-tronco.

O Min. Cezar Peluso julgou improcedente o pedido, ressaltando, porém, que dava interpretação conforme à Constituição aos artigos relativos aos embriões na legislação impugnada, para os fins que declarou. No que se refere à inteligência das expressões 'para fins de pesquisa e terapia' e 'pesquisa ou terapia' contidas no art. 5º, <u>caput</u>, e § 2º, afirmou que a autorização exclusiva de uso de células-tronco embrionárias em pesquisas deveria ser para fins exclusivamente terapêuticos. Quanto à necessidade de acentuar a responsabilização penal dos membros dos Comitês de Ética em Pesquisa (CEPs) e dos da própria Comissão Nacional de Ética em Pesquisa (CONEP/MS), asseverou que os mesmos haveriam de se submeter ao tipo penal do art. 319, do CP, sem prejuízo de incorrerem nas penas dos delitos previstos nos artigos 24, 25 e 26 da Lei 11.105/2005 por omissão imprópria quando dolosamente deixassem de agir de acordo com tais deveres regulamentares. Ainda, a *título de advertência ou recomendação, considerou imprescindível que o Parlamento logo transformasse o descumprimento desses graves deveres em tipos penais autônomos com cominação de penas severas. Por fim, reputou indispensável submeter as atividades de pesquisas ao crivo reforçado de outros órgãos de controle e fiscalização estatal.*

O Min. Menezes Direito propôs o que se segue: 1) no 'caput' do art. 5º, declarar parcialmente a inconstitucionalidade, sem redução de texto, dando interpretação conforme a Constituição, para que seja entendido que as células-tronco embrionárias sejam obtidas sem a destruição do embrião e as pesquisas, devidamente aprovadas e fiscalizadas pelo órgão federal, com a participação de especialistas de diversas áreas do conhecimento, entendendo-se as expressões 'pesquisa' e 'terapia' como pesquisa básica voltada para o estudo dos processos de diferenciação celular e pesquisas com fins terapêuticos; 2) também no 'caput' do art. 5º, declarar parcialmente a inconstitucionalidade, sem redução do texto, para que a fertilização 'in vitro' seja entendida como modalidade terapêutica para cura da infertilidade do casal, devendo ser empregada para fins reprodutivos, na ausência de outras técnicas, proibida a seleção de sexo ou características genéticas; realizada a fertilização de um máximo de 4 óvulos por ciclo e igual limite na transferência, com proibição de redução embrionária, vedado o descarte de embriões, independentemente de sua viabilidade, morfologia ou qualquer outro critério de classificação, tudo devidamente submetido ao controle e fiscalização do órgão federal; 3) no inciso I, declarar parcialmente a inconstitucionalidade, sem redução de texto, para que a expressão 'embriões inviáveis' seja considerada como referente àqueles insubsistentes por si mesmos, assim os que comprovadamente, de acordo com as normas técnicas estabelecidas pelo órgão federal, com a participação de especialistas em diversas áreas do conhecimento, tiveram seu desenvolvimento interrompido, por ausência espontânea de clivagem, após período, no mínimo, superior a 24 horas, não havendo, com relação a estes, restrição quanto ao método de obtenção das células-tronco; 4) no inciso II, declarar a inconstitucionalidade, sem redução de texto, para que sejam considerados embriões congelados há 3 anos ou mais, na data da publicação da Lei 11.105/2005, ou que, já congelados na data da publicação dessa lei, depois de completarem 3 anos de congelamento, dos quais, com o consentimento informado, prévio e expresso dos genitores, por escrito, somente poderão ser retiradas células-tronco por meio que não cause sua destruição; 5) no § 1º, declarar parcialmente a inconstitucionalidade, sem redução de texto, para que seja entendido que o consentimento é um consentimento informado, prévio e expresso por escrito pelos genitores; 6) no § 2º, declarar a inconstitucionalidade, sem redução de texto, para que seja entendido que as instituições de pesquisa e serviços de saúde que realizem pesquisa com terapia com células-tronco embrionárias humanas deverão submeter, previamente, seus projetos também à aprovação do órgão federal, sendo considerado crime a autorização da utilização de embriões em desacordo com o que estabelece esta decisão, incluídos como autores os responsáveis pela autorização e fiscalização. Por fim, conferiu à decisão efeitos a partir da data do julgamento final da ação, a fim de preservar resultados e pesquisas com células-tronco embrionárias já obtidas por pesquisadores brasileiros.

O Min. Ricardo Lewandowski julgou procedente, em parte, o pleito para, sem redução de texto, conferir a seguinte interpretação aos dispositivos discriminados, com exclusão de qualquer outra: 1) art. 5º, <u>caput</u>*: as pesquisas com células-tronco embrionárias somente poderão recair sobre embriões humanos inviáveis ou congelados logo após o início do processo de clivagem celular, sobejantes de fertilizações* in vitro *realizadas com o fim único de produzir o número de zigotos estritamente necessário para a reprodução assistida de mulheres inférteis; 2) inciso I do art. 5º: o conceito de 'inviável' compreende apenas os embriões que tiverem o seu desenvolvimento interrompido por ausência espontânea de clivagem após período superior a 24 horas contados da fertilização dos oócitos; 3) inciso II do art. 5º: as pesquisas com embriões humanos congelados são admitidas desde que não sejam destruídos nem tenham o seu potencial de desenvolvimento comprometido; 4) § 1º do art. 5º: a realização de pesquisas com as células-tronco em-*

brionárias exige o consentimento 'livre e informado' dos genitores, formalmente exteriorizado; 5) § 2º do art. 5º: os projetos de experimentação com embriões humanos, além de aprovados pelos comitês de ética das instituições de pesquisa e serviços de saúde por eles responsáveis, devem ser submetidos à prévia autorização e permanente fiscalização dos órgãos públicos mencionados na lei impugnada.

O Min. Gilmar Mendes, Presidente, julgou improcedente a ação, para declarar a constitucionalidade do art. 5º, seus incisos e parágrafos, da Lei 11.105/2005, desde que seja interpretado no sentido de que a permissão da pesquisa e terapia com células-tronco embrionárias, obtidas de embriões humanos produzidos por fertilização 'in vitro', deve ser condicionada à prévia autorização e aprovação por Comitê (Órgão) Central de Ética e Pesquisa, vinculado ao Ministério da Saúde".[51]

Deve ser entendido que esse julgamento é um marco altamente relevante para o Brasil e seu povo, por isso mesmo devemos conservar o resumo histórico do julgamento, dia a dia, conforme certificado pela Suprema Corte, *verbis:*

"Após os votos do Senhor Ministro Carlos Britto (relator) e da Senhora Ministra Ellen Gracie (Presidente), julgando improcedente a ação direta, pediu vista dos autos o Senhor Ministro Menezes Direito. Falaram: pelo Ministério Público Federal, o Procurador-Geral da República, Dr. Antônio Fernando Barros e Silva de Souza; pelo 'amicus curiae' Conferência Nacional dos Bispos do Brasil — CNBB, o Professor Ives Gandra da Silva Martins; pela Advocacia-Geral da União, o Ministro José Antônio Dias Toffoli; pelo requerido, Congresso Nacional, o Dr. Leonardo Mundim; pelos 'amici curiae' Conectas Direitos Humanos e Centro de Direitos Humanos — CDH, o Dr. Oscar Vilhena Vieira e, pelos amici curiae Movimento em Prol da Vida — MOVITAE e ANIS — Instituto de Bioética, Direitos Humanos e Gênero, o Professor Luís Roberto Barroso. — Plenário, 05.03.2008.

---

[51] Disponível em: <http://www.stf.gov.br//arquivo/informativo/documento/informativo497.htm>. Acesso em: 27.3.2008 e <http://www.stf.gov.br//arquivo/informativo/documento/informativo 508.htm>. Acesso em: 19.7.2008.

Após os votos dos Senhores Ministros Menezes Direito e Ricardo Lewandowski, julgando parcialmente procedente a ação direta; dos votos da Senhora Ministra Cármen Lúcia e do Senhor Ministro Joaquim Barbosa, julgando-a improcedente; e dos votos dos Senhores Ministros Eros Grau e Cezar Peluso, julgando-a improcedente, com ressalvas, nos termos de seus votos, o julgamento foi suspenso. Presidência do Senhor Ministro Gilmar Mendes — Plenário, 28.5.2008.

Prosseguindo no julgamento, o Tribunal, por maioria e nos termos do voto do relator, julgou improcedente a ação direta, vencidos, parcialmente, em diferentes extensões, os Senhores Ministros Menezes Direito, Ricardo Lewandowski, Eros Grau, Cezar Peluso e o Presidente, Ministro Gilmar Mendes. — Plenário, 29.5.2008".[52]

---

[52] ADIn n. 3.510-0-DF, de 29.5.2008 (Procurador Geral da República (CR, 103, VI) *vs.* Presidente da República e Congresso Nacional). Rel.: Min. Carlos Ayres Britto.

2. PRISÃO CIVIL DE ALIENANTE

A alteração levada a efeito na Constituição, pela Emenda Constitucional n. 45/2004, no que respeita à validade dos tratados internacionais no Direito interno do Brasil ensejou profunda modificação no entendimento da Suprema Corte[53], no que respeita à Convenção Americana sobre Direitos Humanos, conhecida como Pacto de São José da Costa Rica[54].

Ratificada muito antes da vigência da Emenda n. 45/2004, ou seja, à época em que ainda não havia o § 3º do art. 5º da Lei Fundamental, era equiparada a lei ordinária e, como tal, continuava-se a possuir, no Brasil, prisão civil em caso de depositário infiel[55] e de alienante fiduciário.

Os tempos, porém, mudaram e o entendimento do Excelso Pretório sofreu radical modificação. Julgando o HC-87.585-TO[56], o RE 349.703-RS[57] e o RE 466.343-1-SP[58], relatados pelos Min. Marco Aurélio, Carlos Britto e Cezar Peluso, respectivamente, o STF entendeu, unanimemente, que não cabe mais prisão civil de depositário infiel nem de alienante fiduciário, que, antes, era equiparado àquele.

Com essa decisão, somente cabe prisão civil de quem for inadimplente em pensão alimentícia. Por outro lado, parece-me que, com essa nova posição, fica sem objeto a competência da Justiça

---

[53] No que respeita ao entendimento anterior do STF sobre tratados internacionais, v., nesta coletânea, v. 1, p. 21; v. 2, p. 59; v. 5, p. 15; v. 7, p. 34; v. 8, p. 17.

[54] Acerca do Pacto da Costa Rica, v., nesta coletânea, v. 6, p. 183; v. 11, p. 127, 129 e 134.

[55] Sobre depositário infiel, v., nesta coletânea, v. 4, p. 7; v. 6, p. 212; v. 11, p. 29.

[56] HC 87.585-TO, de 03.12.2008 (Alberto de Ribamar Ramos Costa *vs.* Superior Tribunal de Justiça). Rel.: Min. Marco Aurélio.

[57] RE 349.703-RS, de 3.12.2008 (Banco Itaú S/A *vs.* Armando Luiz Segabinazzi). Rel.: Min. Carlos Britto.

[58] RE 466.343-1-SP, de 3.12.2008 (Banco Bradesco S/A *vs.* Luciano Cardoso Santos). Rel.: Min. Cezar Peluso. Acerca desse aresto, v., nesta coletânea, v. 11, p. 134.

do Trabalho para apreciar pedido de *habeas corpus*, expressamente consignado no art. 114, IV, da Constituição, porque a única hipótese que havia de prisão determinada por Juiz do Trabalho era de depositário infiel. Se esta não cabe mais, tornou-se letra morta o dispositivo constitucional, eis que ao Juiz do Trabalho, que é magistrado igual a qualquer outro, e com conhecimento mais específico que qualquer outro também, dentro de sua área, não cabe examinar crimes contra a organização do trabalho, contra o meio ambiente do trabalho, nem mesmo apreciar crime de falso testemunho que seja praticado em processo trabalhista.

O noticiário acerca do julgamento desses processos é o seguinte:

"Por maioria, o Plenário do Supremo Tribunal Federal (STF) arquivou, nesta quarta-feira (03), o Recurso Extraordinário (RE) 349703 e, por unanimidade, negou provimento ao RE 466343, que ambos discutiam a prisão civil de alienante fiduciário infiel. O Plenário estendeu a proibição de prisão civil por dívida, prevista no artigo 5º, inciso LXVII, da Constituição Federal (CF), à hipótese de infidelidade no depósito de bens e, por analogia, também à alienação fiduciária, tratada nos dois recursos.

Assim, a jurisprudência da Corte evoluiu no sentido de que a prisão civil por dívida é aplicável apenas ao responsável pelo inadimplemento voluntário e inescusável de obrigação alimentícia. O Tribunal entendeu que a segunda parte do dispositivo constitucional que versa sobre o assunto é de aplicação facultativa quanto ao devedor — excetuado o inadimplente com alimentos — e, também, ainda carente de lei que defina rito processual e prazos.

Súmula revogada

Também por maioria, o STF decidiu no mesmo sentido um terceiro processo versando sobre o mesmo assunto, o 'Habeas Corpus' 87585. Para dar consequência a esta decisão, revogou a Súmula 619, do STF, segundo a qual 'a prisão do depositário judicial pode ser decretada no próprio processo em que se constituiu o encargo, independentemente da propositura de ação de depósito'.

Ao trazer o assunto de volta a julgamento, depois de pedir vista em março deste ano, o ministro Carlos Alberto Menezes Direito defendeu a prisão do depositário judicial infiel. Entretanto, como foi voto vencido, advertiu que, neste caso, o Tribunal teria de revogar a Súmula 619, o que acabou ocorrendo.

As ações

Nos REs, em processos contra clientes, os bancos Itaú e Bradesco questionavam decisões que entenderam que o contrato de alienação fiduciária em garantia é insuscetível de ser equiparado ao contrato de depósito de bem alheio (depositário infiel) para efeito de prisão civil.

O mesmo tema estava em discussão no HC 87585, em que Alberto de Ribamar Costa questiona acórdão do STJ. Ele sustenta que, se for mantida a decisão que decretou sua prisão, 'estará respondendo pela dívida através de sua liberdade, o que não pode ser aceito no moderno Estado Democrático de Direito, não havendo razoabilidade e utilidade da pena de prisão para os fins do processo'.

Ele fundamentou seu pleito na impossibilidade de decretação da prisão de depositário infiel, à luz da redação trazida pela Emenda Constitucional 45, de 31 de dezembro de 2004, que tornou os tratados e convenções internacionais sobre direitos humanos equivalentes à norma constitucional, a qual tem aplicação imediata, referindo-se ao pacto de São José da Costa Rica, do qual o Brasil é signatário.

Direitos humanos e gradação dos tratados internacionais

Em toda a discussão sobre o assunto prevaleceu o entendimento de que o direito à liberdade é um dos direitos humanos fundamentais priorizados pela Constituição Federal (CF) e que sua privação somente pode ocorrer em casos excepcionalíssimos. E, no entendimento de todos os ministros presentes à sessão, neste caso não se enquadra a prisão civil por dívida.

'A Constituição Federal não deve ter receio quanto aos direitos fundamentais', disse o ministro Cezar Peluso, ao lembrar que os direitos humanos são direitos fundamentais com primazia na Constituição. 'O corpo humano, em qualquer hipó-

tese (de dívida) é o mesmo. O valor e a tutela jurídica que ele merece são os mesmos. A modalidade do depósito é irrelevante. A estratégia jurídica para cobrar dívida sobre o corpo humano é um retrocesso ao tempo em que o corpo humano era o 'corpus vilis' (corpo vil), sujeito a qualquer coisa'.

Ao proferir seu voto, a ministra Ellen Gracie afirmou que 'o respeito aos direitos humanos é virtuoso, no mundo globalizado'. 'Só temos a lucrar com sua difusão e seu respeito por todas as nações', acrescentou ela.

No mesmo sentido, o ministro Menezes Direito afirmou que 'há uma força teórica para legitimar-se como fonte protetora dos direitos humanos, inspirada na ética, de convivência entre os Estados com respeito aos direitos humanos'.

Tratados e convenções proíbem a prisão por dívida

Menezes Direito filiou-se à tese hoje majoritária, no Plenário, que dá 'status' supralegal (acima da legislação ordinária) a esses tratados, situando-os, no entanto, em nível abaixo da Constituição. Essa corrente, no entanto, admite dar a eles 'status' de constitucionalidade, se votados pela mesma sistemática das emendas constitucionais (ECs) pelo Congresso Nacional, ou seja: maioria de dois terços, em dois turnos de votação, conforme previsto no parágrafo 3º, acrescido pela Emenda Constitucional n. 45/2004 ao artigo 5º da Constituição Federal.

No voto que proferiu em 12 de março, quando o julgamento foi interrompido por pedido de vista de Menezes Direito, o ministro Celso de Mello lembrou que o Pacto de São José da Costa Rica sobre Direitos Humanos, ratificado pelo Brasil em 1992, proíbe, em seu artigo 7º, parágrafo 7º, a prisão civil por dívida, excetuado o devedor voluntário de pensão alimentícia.

O mesmo, segundo ele, ocorre com o artigo 11 do Pacto Internacional sobre Direitos Civis e Políticos, patrocinado em 1966 pela Organização das Nações Unidas (ONU), ao qual o Brasil aderiu em 1990. Até a Declaração Americana dos Direitos da Pessoa Humana, firmada em 1948, em Bogotá (Colômbia), com a participação do Brasil, já previa esta proibição, enquanto a Constituição brasileira de 1988 ainda recepcionou legislação antiga sobre o assunto.

Também a Conferência Mundial sobre Direitos Humanos, realizada em Viena (Áustria), em 1993, com participação ativa da delegação brasileira, então chefiada pelo ex-ministro da Justiça e ministro aposentado do STF Maurício Corrêa, preconizou o fim da prisão civil por dívida. O ministro lembrou que, naquele evento, ficou bem marcada a interdependência entre democracia e o respeito dos direitos da pessoa humana, tendência que se vem consolidando em todo o mundo.

O ministro invocou o disposto no artigo 4º, inciso II, da Constituição, que preconiza a prevalência dos direitos humanos como princípio nas suas relações internacionais, para defender a tese de que os tratados e convenções internacionais sobre direitos humanos, mesmo os firmados antes do advento da Constituição de 1988, devem ter o mesmo 'status' dos dispositivos inscritos na Constituição Federal (CF). Ele ponderou, no entanto, que tais tratados e convenções não podem contrariar o disposto na Constituição, somente complementá-la.

A CF já dispõe, no parágrafo 2º do artigo 5º, que os direitos e garantias nela expressos 'não excluem outros decorrentes do regime e dos princípios por ela adotados, ou dos tratados internacionais em que a República Federativa do Brasil seja parte'.

Duas teses

O ministro Menezes Direito filiou-se à tese defendida pelo presidente do STF, ministro Gilmar Mendes, que concede aos tratados e convenções internacionais sobre direitos humanos a que o Brasil aderiu um 'status' supralegal, porém admitindo a hipótese do nível constitucional delas, quando ratificados pelo Congersso de acordo com a EC 45 (parágrafo 3º do artigo 5º da CF).

Neste contexto, o ministro Gilmar Mendes advertiu para o que considerou um 'risco para a segurança jurídica' a equiparação dos textos dos tratados e convenções internacionais sobre direitos humanos de que o Brasil é signatário ao texto constitucional. Segundo ele, o constituinte agiu com maturidade ao acrescentar o parágrafo 3º ao artigo 5º da CF.

No mesmo sentido se manifestaram os ministros Marco Aurélio, Ricardo Lewandowski e Cármen Lúcia, além de Menezes Direito. Foram votos vencidos parcialmente — defendendo o 'status' constitucional dos tratados sobre direitos humanos os ministros Celso de Mello, Cezar Peluso, Eros Grau e Ellen Gracie".[59]

---

[59] Disponível em: <http://www.stf.jus.br/portal/cms/verNoticiaDetalhe.asp?idConteudo=100258&caixaBusca=N>. Acesso em: 9.12.2008.

3. SÚMULAS VINCULANTES DO STF SOBRE MATÉRIA TRABALHISTA

Até final de 2008, o STF havia aprovado treze súmulas vinculantes. Delas, duas, as de ns. 4 e 6, têm direta vinculação com matéria trabalhista. Por isso mesmo, estão transcritas a seguir, com a indicação dos respectivos precedentes.

Súmula Vinculante 4

Salvo nos casos previstos na Constituição, o salário-mínimo não pode ser usado como indexador de base de cálculo de vantagem de servidor público ou de empregado, nem ser substituído por decisão judicial.[60]

Precedentes

RE 236.396 Publicação: DJ de 20.11.1998
RE 208.684 Publicação: DJ de 18.6.1999
RE 217.700 Publicação: DJ de 17.12.1999
RE 221.234 Publicação: DJ de 5.5.2000
RE 338.760 Publicação: DJ de 28.6.2002
RE 439.035 Publicação: DJe n. 55/2008, em 28.3.2008
RE 565.714 Publicação: DJe n. 147/2008, em 8.8.2008

Súmula Vinculante 6

Não viola a Constituição o estabelecimento de remuneração inferior ao salário-mínimo para as praças prestadoras de serviço militar inicial.[61]

---

[60] Aprovada a 30.4.2008. DJ n. 83/2008, de 9.5.2008, p. 1, e no DO de 9.5.2008, p. 1.
[61] Aprovada a 7.5.2008. DJ n. 88/2008, de 16.5.2008, p. 1, e, no DO de 16.5.2008, p. 1.

Precedentes
RE 570.177 Publicação: DJe n. 117/2008, em 27.6.2008
RE 551.453 Publicação: DJe n. 117/2008, em 27.6.2008
RE 551.608 Publicação: DJe n. 117/2008, em 27.6.2008
RE 558.279 Publicação: DJe n. 117/2008, em 27.6.2008
RE 557.717 Publicação: DJe n. 117/2008, em 27.6.2008
RE 557.606 Publicação: DJe n. 117/2008, em 27.6.2008
RE 556.233 Publicação: DJe n. 117/2008, em 27.6.2008
RE 556.235 Publicação: DJe n. 117/2008, em 27.6.2008
RE 555.897 Publicação: DJe n. 117/2008, em 27.6.2008
RE 551.713 Publicação: DJe n. 117/2008, em 27.6.2008
RE 551.778 Publicação: DJe n. 117/2008, em 27.6.2008
RE 557.542 Publicação: DJe n. 117/2008, em 27.6.2008

ÍNDICES

ÍNDICE GERAL

INTRODUÇÃO 13

PARTE I — DIREITOS INDIVIDUAIS

1. Adicional de insalubridade. Base de cálculo 17
2. Participação nos lucros 19
3. Professores. Piso e jornada 21
4. Salário-mínimo. Inconstitucionalidade 26
5. Serviço militar. Remuneração abaixo do salário-mínimo 28
6. Trabalho insalubre. Aposentadoria 30

PARTE II — DIREITOS COLETIVOS

1. Greve 35
    1.1. Advogados públicos. Ilegalidade 35
    1.2. Servidor público 39
    1.3. Policial civil 54
2. Interdito proibitório 58

PARTE III — DIREITO PROCESSUAL

1. Conflito de competência. Servidores 63
    1.1. Servidor com regime especial 63
    1.2. Contrato de trabalho temporário 65
    1.3. Contrato nulo 67
2. Contribuição previdenciária. Execução de ofício 81
3. Contribuição sindical. Competência da Justiça do Trabalho, salvo já sentenciados 84

4. Declaração de inconstitucionalidade. Efeitos 86
5. Precatórios 88
6. Reclamação criada em regimento interno 90

PARTE IV — SERVIÇO PÚBLICO
1. Justiça desportiva. Atuação do magistrado 97
2. Regime Jurídico Único. Justiça comum 101

PARTE V — PREVIDÊNCIA SOCIAL
1. Aposentadoria compulsória para notários 107
2. Aposentados. Complementação de aposentadoria. Definição de competência 109

PARTE VI — OUTROS TEMAS
1. Células-tronco 121
2. Prisão civil de alienante 129
3. Súmulas vinculantes do STF sobre matéria trabalhista . 135

ÍNDICES
Índice geral 139
Índice dos julgados publicados na coletânea 141
Índice dos ministros do STF prolatores dos julgados citados 157
Índice temático 159

ÍNDICE DOS JULGADOS PUBLICADOS NA COLETÂNEA

VOLUMES 1 A 12

N. do Julgado	Volume	Página
AC 340-7-RJ	8	54
AC 9.690-SP	1	41
AC 9.696-3-SP	1	40
ACO 533-9-PI	2	23
ACO (AGRG) 524-0-SP	7	68
ADIn 100-1-MG	8	88
ADIn 254-6-GO	7	48
ADIn 271-6-DF	5	35
ADIn 306-2-DF	4	85
ADIn 554-5-MG	1/10	102/59
ADIn 609-6-DF	6	197
ADIn 639-8-DF	9	17
ADIn 953-2-DF	7	176
ADIn 990-7-MG	7	45
ADIn 1.040-9-DF	6	170
ADIn 1.074-3-DF	11	123
ADIn 1.105-7-DF	10	141
ADIn 1.127-8-DF	10	141
ADIn 1.194-4-DF	9	154
ADIn 1.377-7-DF	10	139
ADIn 1.404-8-SC	4	167
ADIn 1.439-1-DF	7	19
ADIn 1.458-7-DF	1	19
ADIn 1.480-3-DF	2/5	59/15
ADIn 1.484-6-DF	5	170
ADIn 1.661-1-PA	7	120
ADIn 1.662-7-DF	2/5	120/75

141

ADIn 1.675-1-DF	1	29
ADIn 1.696-0-SE	6	59
ADIn 1.721-3-DF	1/10	46/23
ADIn 1.721-3-DF	2	31
ADIn 1.749-5-DF	4	163
ADIn 1.753-2-DF	2	165
ADIn 1.770-4-DF	2	31
ADIn 1.797-0-PE	4	148
ADIn 1.849-0-DF	3	125
ADIn 1.878-0-DF	2/6/7	34/96/137
ADIn 1.880-4-DF	2	90
ADIn 1.912-3-RJ	3	35
ADIn 1.946-5-DF	7	132
ADIn 1.953-8-ES	4	59
ADIn 1.967-8-DF	4	163
ADIn 1.971-6-SP	5	163
ADIn 1.976-7-DF	11	65
ADIn 2.010-8-DF	6	200
ADIn 2.024-2-DF	4	164
ADIn 2.054-4-DF	7	182
ADIn 2.093-6-SC	8	103
ADIn 2.098-6-AL	5	127
ADIn 2.105-2-DF	4/5	146/187
ADIn 2.107-9-DF	5	127
ADIn 2.139-7-DF	11	49
ADIn 2.160-5-DF	4	105
ADIn 2.180-0-SP	5	163
ADIn 2.201-6-DF	7	93
ADIn 2.310-1-DF	5	95
ADIn 2.652-8-DF	7	174
ADIn 2.679-8-AL	6	49
ADIn 2.687-9-PA	7	128
ADIn 2.931-2-RJ	9	78
ADIn 3.026-4-DF	10	143
ADIn 3.030-2-AP	9	79
ADIn 3.068-0-DF	9	11
ADIn 3.085-0-CE	9	93
ADIn 3.105-8-DF	8	121

ADIn 3.224-1-AP	8	91
ADIn 3.300-0-DF	10	186
ADIn 3.367-1-DF	9/10	83/115
ADIn 3.392-1-DF	11	35
ADIn 3.395-6-DF	9/10	94/95
ADIn 3.453-7-DF	11	63
ADIn 3.934-2-DF	11	23/91
ADIn 3.510-0-DF	12	121
ADIn 4.015-PA	12	89
ADIn 4.167-3-DF	12	21
ADIn-MC 1.121-9-RS	1	50
ADIn-MC 1.567-2-DF	1	100
ADIn-MC 1.721-3-DF	7	22
ADIn-MC 2.111-7-DF	7	139
ADIn-MC 2.176-1-RJ	4	177
ADIn-MC 3.126-1-DF	8/9	92/92
ADIn-MC 3.472-3-DF	9	117
ADPF 47-5-PA	12	26
ADPF-MC 54-8-DF	8	155
AG-AI 156.338-0-PR	1	60
AG-AI 214.076-8-RS	2	123
AG-AI 223.271-7-MG	3	13
AGRAG 248.880-1-PE	4	109
AGRAG 324.304-7-SP	6	157
AG-RE 220.170-2-SP	2	64
AG-RE 227.899-9-MG	2	19
AG-RE 241.935-8-DF	4	49
AG(AGRG) 258.885-1-RJ	4	108
AG(AGRG) 316.458-1-SP	6	162
AGRG-ADIn- 3.153-8-DF	9	25
AGRG-AI 171.020-9-CE	5	39
AGRG-AI 267.115-7-DF	4	137
AGRG-AI 238.385-6-PR	5	70
AGRG-AI 404.860-1-DF	10	103
AGRG-AI 410.330-0-SP	7	60
AGRG-AI 416.962-2-ES	7	17
AGRG-AI 442.897-6-ES	10	163
AGRG-AI 453.737-1-RJ	7	89

AGRG-AI 479.810-7-PR	10	151
AGRG-AI 528.138-0-MS	10	140
AGRG-AI 570.429-9-RS	12	115
AGRG-AI 582.921-1-MA	10	35
AGRG-AO 820-4-MG	7	116
AGRG-MS 25.489-1-DF	9	122
AGRG-RE 222.368-4-PE	7	66
AGRG-RE 273.834-4-RS	5	192
AGRG-RE 281.901-8-SP	5	47
AGRG-RE 299.671-8-RS	6	160
AGRG-RE 347.334-7-MG	7	90
AGRG-RE 409.997-7-AL	10	154
AGRG-RE 507.861-2-SP	11	57
AGRG-RG 269.309-0-MG	5	58
AI 139.671-(AGRG)-DF	1	43
AI 153.148-8-PR	1	60
AI 208.496-9-ES	2	102
AI 210.106-0-RS	2	55
AI 210.466-6-SP	2	45
AI 212.299-0-SP	2	15
AI 212.918-1-DF	2	149
AI 215.008-6-ES	2	36
AI 216.530-8-MG	2	132
AI 216.786-2-SP	2	81
AI 218.578-8-PR	2	125
AI 220.222-2-DF	2	85
AI 220.739-5-SP	2	106
AI 224.483-5-PB	4	44
AI 229.862-4-RS	3	15
AI 233.762-1-RS	3	105
AI 233.835-8-RS	3	90
AI 237.680-1-SP	3	50
AI 238.733-1-MG	3	56
AI 240.632-6-RS	3	121
AI 243.418-0-MG	3	101
AI 244.136-6-SP	3	20
AI 244.154-4-SP	3	71
AI 244.672-0-SP	3	40

Al 245.136-1-RS	3	94
Al 248.256-2-SP	3	43
Al 248.764-1-DF	3	26
Al 249.021-1-SP	3	46
Al 249.470-7-BA	4	96
Al 249.539-2-BA	8	87
Al 249.600-3-MG	3	30
Al 260.198-8-MG	4	124
Al 260.553-8-SP	4	91
Al 260.700-5-DF	4	28
Al 265.946-8-PR	4	73
Al 266.186-4-GO	4	15
Al 270.156-1-RS	5	42
Al 273.327-1-BA	4	173
Al 277.315-1-SC	4	87
Al 277.432-8-PB	4	41
Al 277.651-4-BA	4	47
Al 279.422-1-DF	4	139
Al 290.222-6-AM	5	64
Al 294.013-4-RS	5	79
Al 321.083-2-DF	5	82
Al 321.503-9-MS	5	51
Al 329.165-6-RJ	5	128
Al 333.502-4-SP	10	35
Al 341.920-9-RS	5	143
Al 342.272-1-DF	5	125
Al 359.319-5-SP	5	54
Al 388.729-8-PE	6	117
Al 388.895-1-PB	6	115
Al 401.141-3-SP	10	108
Al 429.939-2-PE	7	88
Al 436.821-2-PE	7	85
Al 449.252-3-SP	7	103
Al 454.064-4-PA	10	64
Al 457.801-1-DF	8	58
Al 457.863-2-RS	8	28
Al 460.355-7-SP	7	118
Al 462.201-0-SP	7	81

AI 465.867-8-MG	9	75
AI 474.751-1-SP	8	68
AI 477.294-5-PI	7	26
AI 478.276-1-RJ	8	44
AI 498.062-2-SP	8	76
AI 500.356-5-RJ	8	44
AI 511.972-0-SP	8	85
AI 513.028-1-ES	8	69
AI 514.509-8-MG	8	26
AI 518.101-6-MG	8	75
AI 522.830-4-RJ	10	84
AI 523.628-8-PR	9	67
AI 525.295-8-BA	9	20
AI 525.434-3-MT	9	38
AI 526.389-1-SP	9	71
AI 529.694-1-RS	9	147
AI 531.237-0-RS	9	68
AI 533.705-2-DF	9	112
AI 534.587-1-SC	10	32
AI 535.068-3-SP	9	28
AI 538.917-7-AL	9	106
AI 539.419-9-MG	9	80
AI 556.247-6-SP	9	142
AI 557.195-2-RJ	10	89
AI 561.126-1-RJ	10	90
AI 567.280-9-MG	10	98
AI 571.672-5-RS	10	171
AI 572.351-3-SP	10	102
AI 579.311-0-PR	10	9
AI 583.599-6-MG	10	37
AI 584.691-8-SP	10	110
AI 629.242-5-SP	11	19
AI 633.430-1-RS	11	21
AI 635.212-1-DF	11	61
AI 640.303-9-SP	11	32
AI 656.720-2-SP	11	40
AO 206-1-RN	7	61
AO 757-7-SC	7	110

AO 764-0-DF	7	113
AO 931-6-CE	7	108
AO 1.157-4-PI	10	118
AR 1.371-5-RS	5	135
AR 2.028-2-PE	12	108
AR-AI 134.687-GO	1	37
AR-AI 150.475-8-RJ	1	77
AR-AI 198.178-RJ	1	114
AR-AI 199.970-0-PE	3	88
AR-AI 218.323-0-SP	3	112
AR-AI 245.235-9-PE	3	113
AR-AI 437.347-3-RJ	8	43
CC 6.968-5-DF	1	80
CC 6.970-7-DF	1	79
CC 7.040-4-PE	6	95
CC 7.043-9-RO	6	91
CC 7.053-6-RS	6	102
CC 7.074-0-CE	6	109
CC 7.079-1-CE	8	51
CC 7.091-9-PE	5	56
CC 7.116-8-SP	6	119
CC 7.118-4-BA	6	114
CC 7.134-6-RS	7	58
CC 7.149-4-PR	7	56
CC 7.165-6-ES	8	45
CC 7.171-1-SP	8	48
CC 7.201-6-AM	12	63
CC 7.204-1-MG	9	54
CC 7.242-3-MG	12	101
CC 7.295-4-AM	10	92
CC 7.376-4-RS	10	60
CC 7.456-6-RS	12	84
CC 7.484-1-MG	11	52
CR 9.897-1-EUA	6	214
ED-ED-RE 191.022-4-SP	2	96
ED-ED-RE 194.662-8-BA	7/9	40/26
ER-RE 190.384-8-GO	4	35
ED-RE 194.707-1-RO	3	86

ED-RE 348.364-1-RJ	8	22
HC 77.631-1-SC	7	183
HC 80.198-6-PA	4	78
HC 81.319-4-GO	6	212
HC 84.270-4-SP	8	41
HC 85.096-1-MG	9	58
HC 85.911-9-MG	9	70
HC 85.585-TO	11	127
HC 87.585-TO	12	131
IF 607-2-GO	2	115
MC em AC 1.069-1-MT	10	104
MC em ADIn 2.135-4-9-DF	11	76
MC em ADIn 2.527-9-DF	11	68
MC em ADIn 3.395-6-DF	9	98
MC em ADIn 3.540-1-DF	10	182
MC em HC 90.354-1-RJ	11	129
MC em HC 92.257-1-SP	11	135
MC em MS 24.744-4-DF	8	110
MC em MS 25.027-5-DF	8	104
MC em MS 25.498-8-DF	9	130
MC em MS 25.849-1-DF	9	120
MC em MS 25.503-0-DF	9	116
MC em MS 25.511-1-DF	9	132
MC em Rcl. 2.363-0-PA	7	74
MC em Rcl. 2.653-1-SP	8	117
MC em Rcl. 2.670-1-PR	8	114
MC em Rcl. 2.684-1-PI	8	61
MC em Rcl. 2.772-4-DF	8	99
MC em Rcl. 2.804-6-PB	8	72
MC em Rcl. 2.879-6-PA	8	65
MC em Rcl. 3.183-7-PA	9	98
MC em Rcl. 3.431-3-PA	9	102
MC em Rcl. 3.760-6-PA	9	35
MC em Rcl. 4.306-1-TO	10	96
MC em Rcl. 4.317-7-PA	10	98
MC em Rcl. 4.731-8-DF	10	129
MI 20-4-DF	1	86
MI 102-2-PE	6	133

MI 347-5-SC	1	85
MI 585-9-TO	6	59
MI 615-2-DF	9	45
MI 670-7-DF	7	41
MI 670-9-ES	11/12	80/42
MI 692-0-DF	7	23
MI 708-0-DF	11/12	81/42
MI 712-8-PA	11/12	80/50
MI 758-4-DF	12	30
MI 817-5-DF	12	40
MS 21.143-1-BA	2	93
MS 22.498-3-BA	2	34
MS 23.671-0-PE	4	80
MS 23.912-3-RJ	5	197
MS 24.008-3-DF	9	91
MS 24.414-3-DF	7	107
MS 24.875-1-DF	10	133
MS 24.913-7-DF	8	78
MS 25.191-3-DF	9	90
MS 25.326-6-DF	9	118
MS 25.496-3-DF	9	124
MS 25.763-6-DF	10	154
MS 25.938-8-DF	12	97
MS 25.979-5-DF	10	146
MSMC 21.101-DF	1	38
MCMS 24.637-5-DF	7	98
Petição 1.984-9-RS	7	177
Petição 2.793-1-MG	6	226
Petição 2.933-0-ES	7	54
QO-MI 712-8-PA	11	79
RE 109.085-9-DF	3	127
RE 109.450-8-RJ	3	75
RE 109.723-0-RS	10	71
RE 113.032-6-RN	6	70
RE 117.670-9-PB	2	160
RE 118.267-9-PR	1	76
RE 126.237-1-DF	4	110
RE 131.032-4-DF	1	80

RE 134.329-0-DF	3	82
RE 141.376-0-RJ	5	93
RE 144.984-5-SC	2	111
RE 146.361-9-SP	3	76
RE 146.822-0-DF	1	52
RE 150.455-2-MS	3	104
RE 157.057-1-PE	3	81
RE 158.007-1-SP	6	188
RE 157.428-3-RS	3	29
RE 158.448-3-MG	2	164
RE 159.288-5-RJ	1	52
RE 165.304-3-MG	5	194
RE 172.293-2-RJ	2	92
RE 175.892-9-DF	4	132
RE 176.639-5-SP	1	68
RE 181.124-2-SP	2	163
RE 182.543-0-SP	1	62
RE 183.883-3-DF	3	24
RE 183.884-1-SP	3	115
RE 187.229-2-PA	3	114
RE 187.955-6-SP	3	114
RE 189.960-3-SP	5	44
RE 190.384-8-GO	4	36
RE 190.844-1-SP	4	60
RE 191.022-4-SP	1	68
RE 191.068-2-SP	11	44
RE 193.579-1-SP	7	47
RE 193.943-5-PA	2	130
RE 194.151-1-SP	2	109
RE 194.662-8-BA	5/6	37/69
RE 194.952-0-MS	5	117
RE 195.533-3-RS	2	33
RE 196.517-7-PR	5	57
RE 197.807-4-RS	4	32
RE 197.911-9-PE	1	74
RE 198.092-3-SP	1	66
RE 199.142-9-SP	4	57
RE 200.589-4-PR	3	64

RE 201.572-5-RS	5	157
RE 202.063-0-PR	1	59
RE 202.146-6-RS	3	130
RE 203.271.9-RS	2	95
RE 204.126-2-SP	6	187
RE 204.193-9-RS	5	156
RE 205.160-8-RS	3	77
RE 205.170-5-RS	2	48
RE 205.701-1-SP	1	36
RE 205.815-7-RS	1	27
RE 206.048-8-RS	5	195
RE 206.220-1-MG	3	74
RE 207.374-1-SP	2	109
RE 207.858-1-SP	3	67
RE 209.174-0-ES	2	149
RE 210.029-1-RS	7	47
RE 210.069-2-PA	3	132
RE 210.638-1-SP	2	123
RE 212.118-5-SP	5	59
RE 213.015-0-DF	6	134
RE 213.111-3-SP	7	47
RE 213.244-6-SP	2	40
RE 213.792-1-RS	2	98
RE 214.668-1-ES	7/10	47/75
RE 215.411-3-SP	5	30
RE 215.624-8-MG	4	106
RE 216.214-1-ES	4	142
RE 216.613-8-SP	4	52
RE 217.162-2-DF	3	125
RE 217.328-8-RS	4	50
RE 217.335-5-MG	4	43
RE 219.434-0-DF	6	19
RE 220.613-1-SP	4	31
RE 222.334-2-BA	5	25
RE 222.368-4-PE	6	124
RE 222.560-2-RS	2/6	51/32
RE 224.667-9-MG	3	38
RE 225.016-1-DF	5	113

RE 225.488-1-PR	4	33
RE 225.872-5-SP	8	33
RE 226.204-6-DF	6	30
RE 226.855-7-RS	4	17
RE 227.410-9-SP	4	13
RE 227.899-8-MG	2	17
RE 228.035-7-SC	7	122
RE 230.055-1-MS	3	59
RE 231.466-5-SC	6	54
RE 232.787-0-MA	3	79
RE 233.664-9-DF	5	40
RE 233.906-2-RS	9	86
RE 234.009-4-AM	3	110
RE 234.068-1-DF	8	109
RE 234.186-3-SP	5	23
RE 234.431-8-SC	10	68
RE 234.535-9-RS	5	60
RE 235.623-8-ES	9	75
RE 235.643-9-PA	4	36
RE 236.449-1-RS	3	131
RE 237.965-3-SP	4	34
RE 238.737-4-SP	2	44
RE 239.457-5-SP	6	22
RE 240.627-8-SP	3	53
RE 241.372-3-SC	5	142
RE 243.415-9-RS	4	178
RE 244.527-4-SP	3	129
RE 245.019-7-ES	3	65
RE 247.656-1-PR	5	29
RE 248.278-1-SC	10	151
RE 248.282-0-SC	5	123
RE 248.857-7-SP	6	167
RE 249.740-1-AM	3	75
RE 252.191-4-MG	5	158
RE 254.518-0-RS	4	171
RE 254.871-5-PR	5	29
RE 256.707-8-RJ	9	53
RE 257.063-0-RS	5	152

RE 257.836-3-MG	6	82
RE 259.713-9-PB	5	120
RE 260.168-3-DF	4	179
RE 261.344-4-DF	6	194
RE 263.381-0-ES	6	25
RE 264.299-1-RN	4	100
RE 265.129-0-RS	4	37
RE 273.347-4-RJ	4	46
RE 275.840-0-RS	5	122
RE 278.946-1-RJ	8	19
RE 281.297-8-DF	5	26
RE 284.627-9-SP	6	18
RE 284.753-6-PA	6	183
RE 287.024-2-RS	8	35
RE 287.925-8-RS	8	20
RE 289.090-1-SP	5	44
RE 291.822-9-RS	10	76
RE 291.876-8-RJ	5	155
RE 292.160-2-RJ	5	77
RE 293.231-1-RS	5	78
RE 293.287-6-SP	6	85
RE 293.932-3-RJ	5	86
RE 299.075-5-SP	5	130
RE 305.513-9-DF	6	83
RE 308.107-1-SP	5	147
RE 311.025-0-SP	6	181
RE 318.106-8-RN	9	78
RE 329.336-2-SP	6	17
RE 330.834-3-MA	6	177
RE 333.236-8-RS	6	145
RE 333.697-5-CE	6	20
RE 340.005-3-DF	6	112
RE 340.431-8-ES	6	53
RE 341.857-2-RS	6	192
RE 343.183-8-ES	6	178
RE 343.144-7-RN	6	176
RE 344.450-6-DF	9	109
RE 345.874-4-DF	6	158
RE 347.946-6-RJ	6	198
RE 349.160-1-BA	7	87
RE 349.703-RS	12	131

RE 350.822-9-SC	7	131
RE 351.142-4-RN	9	81
RE 353.106-9-SP	6	67
RE 356.711-0-PR	9	62
RE 362.483-1-ES	8	17
RE 363.852-1-MG	9	146
RE 368.492-2-RS	7	134
RE 369.779-0-ES	7	17
RE 369.968-7-SP	8	39
RE 371.866-5-MG	9	40
RE 372.436-3-SP	7	188
RE 378.569-9-SC	7	126
RE 382.994-7-MG	9	18
RE 383.074-1-RJ	8	164
RE 383.472-0-MG	7	39
RE 387.259-1-MG	7	57
RE 387.389-0-RS	7	71
RE 390.881-2-RS	7	136
RE 392.303-8-SP	6	26
RE 392.976-3-MG	8	85
RE 394.943-8-SP	9	55
RE 395.323-4-MG	6	38
RE 396.092-0-PR	7	28
RE 398.041-0-PA	10	40
RE 398.284-2-RJ	12	19
RE 403.832-3-MG	7	56
RE 405.031-5-AL	12	91
RE 415.563-0-SP	9	151
RE 419.327-2-PR	9	43
RE 430.145-8-RS	10	136
RE 439.035-3-ES	12	17
RE 441.063-0-SC	9	60
RE 444.361-9-MG	9	56
RE 445.421-1-PE	10	167
RE 449.420-5-PR	9	192
RE 451.859-7-RN	11	73
RE 466.343-1-SP	11/12	134/131
RE 485.913-3-PB	10	131
RE 503.415-5-SP	11	60
RE 505.816-6-SP	11	37

RE 507.351-3-GO	11	58
RE 519.968-1-RS	11	29
RE 545.733-8-SP	11	17
RE 548.272-3-PE	11	119
RE 555.271-3-AM	11	121
RE 556.664-1-RS	12	87
RE 569.056-3-PR	12	81
RE 569.815-7-SP	11	55
RE 570.177-8-MG	12	28
RE 579.648-5-MG	12	58
RE (Edu) 146.942-1-SP	6	108
RECL. 743-3-ES	8	72
RECL. 1.728-1-DF	5	118
RECL. 1.786-8-SP	5	72
RECL. 1.979-9-RN	6	148
RECL. 2.135-1-CE	9	65
RECL. 2.155-6-RJ	6/8	148/71
RECL. 2.267-6-MA	8	67
RECL. 3.322-8-PB	9	111
RECL. 3.900-5-MG	9	126
RECL. 4.012-7-MT	11	114
RECL. 4.303-7-SP	10	69
RECL. 4.489-1-PA	12	78
RECL. 5.381-4-AM	12	65
RECL. 5.698-8-SP	12	109
RECL. 5.798-DF	12	35
RECL. 6.568-SP	12	54
RECL. 7.342-9-PA	12	68
RHC 81.859-5-MG	6	121
RMS 2.178-DF	1	72
RMS 23.566-1-DF	6	41
RMS (EdAgR) 24.257-8-DF	6	211
RO-MS 23.040-9-DF	3	103
RO-MS 24.309-4-DF	7	45
RO-MS 24.347-7-DF	7	105
SEC 5.778-0-EUA	9	156
SS 1.983-0-PE	7	94
SÚMULAS DO STF	7	143
SÚMULAS VINCULANTES DO STF	12	135

TST-RE-AG-AI-RR 251.899/96.7	1	111
TST-RE-AG-E-RR 144.583/94.4	2	50
TST-RE-AG-E-RR 155.923/95.9	1	92
TST-RE-AG-E-RR 286.778/96.5	1	25
TST-RE-AG-RC 343.848/97.8	2	112
TST-RE-AI-RR 242.595/96.2	1	106
TST-RE-AI-RR 242.708/96.5	2	137
TST-RE-AI-RR 286.743/96.7	1	56
TST-RE-AI-RR 299.174/96.7	1	104
TST-RE-AI-RR 305.874/96.8	1	24
TST-RE-AR 210.413/95.3	2	69
TST-RE-AR 278.567/96.5	1	33
TST-RE-ED-AI-RR 272.401/96.3	2	52
TST-RE-ED-E-RR 81.445/93.0	2	155
TST-RE-ED-E-RR 117.453/94.7	1	95
TST-RE-ED-E-RR 140.458/94.8	2	71
TST-RE-ED-E-RR 651.200/00.9	6	35
TST-RE-ED-RO-AR 331.971/96.9	4	102
TST-RE-ED-RO-AR 396.114/97.7	4	122
TST-RE-ED-RO-AR 501.336/98.0	6	164
TST-RE-ED-RO-AR 671.550/2000.2	7	51
TST-RE-E-RR 118.023/94.4	2	153
TST.RE.E.RR 411.239/97.8	7	43
TST-RE-RMA 633.706/2000.6	4	84
TST-RE-RO-AA 385.141/97.6	2	74
TST-RE-RO-AR 209.240/95.6	1	97
TST-RE-RO-DC 284.833/96.1	1	69

ÍNDICE DOS MINISTROS DO STF
PROLATORES DOS JULGADOS CITADOS

VOLUMES 1 A 12

(O primeiro número (em negrito) corresponde ao volume e os demais às páginas iniciais dos julgados)

CARLOS AYRES DE BRITTO 7/23; **8**/54; **9**/30, 35, 53, 78, 102; **10**/23, 39, 89, 99, 102, 131; **11**/29, 37; **12**/65,121, 131

CARLOS VELLOSO 1/27, 62, 66, 79, 102; **2**/17, 19, 101; **3**/39, 59, 125; **5**/26, 86, 152, 156; **6**/30, 32, 54, 83, 91, 117, 121, 158, 167, 171, 176, 178, 192, 226; **7**/17, 48, 54, 67, 109, 118, 122, 134, 136; **8**/103, 104, 110, 114; **9**/79, 120, 122, 126, 151; **10**/154

CÁRMEN LUCIA 10/129; **11**/21, 32, 40, 61, 63, 135; **12**/58, 68, 78, 97

CÉLIO BORJA 1/37

CELSO DE MELLO 1/19, 38, 50, 86; **2**/60, 109, 115; **3**/36, 86; **4**/15, 146; **5**/15, 39, 70, 164, 170, 187, 192; **6**/26, 95, 102, 124, 145, 162, 183, 200, 212; **7**/19, 53, 66, 89, 116, 183, 188; **8**/39, 43, 61, 78; **9**/25, 40, 45, 68, 75, 112, 132, 156; **10**/64, 76, 90, 92, 140, 159, 171, 182, 186; **11**/83; **12**/89

CEZAR PELUSO 7/106; **8**/35, 58, 68, 99, 117, 121; **9**/19, 43, 56, 63, 83, 116; **10**/71, 95, 115, 136, 167, **11**/35, 55, 121, 129, 134; **12**/131

ELLEN GRACIE 5/117, 157, 197; **6**/, 17, 18, 38, 119, 157, 170, 187, 211; **7**/57, 88, 108, 176; **8**/16, 19, 20, 88, 91, 121; **9**/53, 65, 78, 81, 90, 109; **10**/104, 151, 163; **11**/68, 76; **12**/26, 50, 54, 101

EROS ROBERTO GRAU 8/26, 45, 48; **9**/55, 60, 110, 11, 124; **10**/59, 143, 154; **11**/57, 58, 73, 79, 80, 123; **12**/101

GILMAR MENDES 6/148; **7**/58, 74, 120, 131; **8**/41, 65, 69, 71; **9**/26, 92, 147; **10**/98, 108, 118; **11**/19, 52, 80, 81, 101, 129; **12**/14, 42, 87, 107

ILMAR GALVÃO **1**/46, 60, 68, 76, 77; **2**/31, 34, 90; **3**/29; **4**/31, 37, 49, 59, 148, 175; **5**/29, 127, 142; **6**/20, 53, 60, 112, 160, 177, 181, 196, 198; **7**/22, 137

JOAQUIM BARBOSA **7**/57; **8**/44, 51, 72, 85; **9**/17, 98, 130, 142; **10**/32, 35, 40, 75, 103, 151; **11**/44, 65; **12**/21

MARCO AURÉLIO **1**/115; **2**/15, 23, 36, 40, 45, 48, 51, 64, 79, 81, 86, 92, 93, 96, 102, 106, 111, 125, 132, 139, 150, 164; **3**/15, 20, 26, 30, 35, 38, 40, 43, 46, 50, 56, 67, 71, 74, 81, 90, 94, 104, 105, 107, 110, 112, 114, 121, 125; **4**/28, 69, 74, 80, 87, 91, 96, 100, 106, 124, 129, 136, 139, 167, 173; **5**/37, 44, 51, 58, 59, 60, 64, 79, 82, 95, 122, 123, 143; **6**/69, 108, 133, 214; **7**/28, 40, 45, 71, 80, 94, 103, 113, 177; **8**/28, 44, 72, 76, 155, 164; **9**/18, 67, 70, 71, 118, 146; **10**/36, 69, 84; **11**/17, 60, 114, 119, 127; **12**/30, 91, 131

MAURÍCIO CORRÊA **1**/36; **2**/120; **3**/53, 63, 131, 132; **4**/43, 78, 109, 179; **5**/25, 72, 76, 78, 158; **6**/22, 67, 82, 114, 148, 197; **7**/34, 39, 41, 69, 90, 105, 126, 174, 181; **9**/154

MENEZES DIREITO **12**/19, 81, 84

MOREIRA ALVES **2**/32, 34, 123, 163; **3**/64, 76, 113; **4**/13, 17, 18, 19, 33, 34, 108; **5**/35, 125, 130, 153; **6**/19, 25, 41, 49

NELSON JOBIM **4**/51, 52, 58, 60, 163; **5**/40, 58, 195; **7**/60, 61, 93, 128; **8**/22, 67, 92; **9**/94; **10**/139

NÉRI DA SILVEIRA **1**/17, 41, 85; **2**/55, 109, 130, 160; **3**/24, 79, 82, 103, 117, 127; **4**/47, 72, 85, 132; **5**/30, 44, 47, 93, 118, 135, 147, 163; **6**/70, 86, 134, 189

OCTAVIO GALLOTTI **1**/59, 74; **2**/33, 77, 95, 98; **3**/130; **4**/32, 35, 50, 105; **5**/194; **11**/49

PAULO BROSSARD **1**/52

RICARDO LEWANDOWSKY **10**/96, 141; **11**/23, 103; **12**/28, 35, 63, 115

SEPÚLVEDA PERTENCE **1**/72, 80; **2**/24, 124, 149, 165; **3**/13, 18, 66, 75, 101, 114, 115; **4**/36, 46, 71, 110, 165, 170, 177; **5**/23, 54, 77, 120; **6**/59, 109, 115, 194; **7**/26, 56, 85, 87, 98, 182; **8**/33, 75, 85, 87, 109; **9**/20, 28, 38, 58, 75, 88, 91, 105, 106, 137; **10**/19, 60, 68, 110, 133, 146

SYDNEY SANCHES **1**/40, 100; **3**/75, 77, 88, 129; **4**/44, 142, 171; **5**/42, 56, 113, 128; **7**/46, 132, 139

ÍNDICE TEMÁTICO

VOLUMES 1 a 12
(O primeiro número corresponde ao volume e o segundo à página inicial do julgado)

Ação Civil Pública, 3/74, 7/43, 8/65, 9/95

Ação Coletiva. Órgão de jurisdição nacional, 6/41

Ação de Cumprimento
Competência da Justiça do Trabalho. Contribuições, 1/79
Incompetência da Justiça do Trabalho. Litígio entre sindicato e empresa, anterior à Lei n. 8.984/95, 1/80

Ação Rescisória
Ação de cumprimento de sentença normativa, 7/51
Autenticação de peças, 9/38
Indeferimento de liminar para suspender execução, 4/69
Medida cautelar. Planos econômicos, 3/90
URP. Descabimento, 5/51

Acesso à Justiça
Celeridade, 9/45
Gratuidade, 10/89
Presunção de miserabilidade, 2/101

Acidente do trabalho
Competência, 7/56, 8/39, 9/40, 9/53, 9/55
Responsabilidade do empregador, 6/187
Rurícola, 6/188
Seguro, 7/131

Adicional de insalubridade
Aposentadoria. Tempo de serviço, 7/134, 11/17
Base de cálculo, 2/15, 3/13, 7/17, 10/19, 11/17, 12/17
Caracterização, 6/17
Vinculação ou não ao salário-mínimo, 4/13, 6/18, 7/17, 12/17

159

Adicional de periculosidade
Fixação do *quantum*. Inexistência de matéria constitucional, 3/15
Percepção. Inexistência de matéria constitucional, 4/15

ADIn
Agências reguladoras. Pessoal celetista, 5/95
Aprovação em concurso público, 9/76
Ascensão funcional, 9/79
Associação. Ilegitimidade ativa, 5/163, 9/25
Auxílio-doença, 9/17
Comissão de Conciliação Prévia, 11/49
Confederação. Legitimidade, 3/35 5/163
Conselho Nacional de Justiça, 9/83
Conselho Superior do Ministério Público, 9/88
Depósito prévio. INSS, 11/123
Dissídio coletivo, 11/35
Efeito vinculante, 8/61
Emenda Constitucional, 4/163, 4/164, 9/83
Entidade de 3º grau. Comprovação, 6/49
Estatuto da Advocacia, 9/154
Federação. Legitimidade, 3/36
Férias coletivas, 9/93
Licença maternidade. Valor, 7/132
Normas coletivas. Lei estadual, 10/59
Omissão legislativa, 5/170
Parcela autônoma de equivalência, 5/187
Perda de objeto, 7/41
Precatórios, 11/63
Propositura, 3/35
Provimento n. 5/99 da CGJT. Juiz Classista. Retroatividade, EC n. 24/99, 7/93
Reedição. Aditamento à inicial, 3/125
Recuperação de empresas, 11/23
Recurso administrativo, 11/65
Salário-mínimo. Omissão parcial. Valor, 7/19
Servidor público, 9/94, 11/73
Superveniência de novo texto constitucional, 4/167
Trabalho Temporário, 9/111, 11/114
Transcendência, 11/67

Adolescente. Trabalho educativo, 2/21
ADPF, 8/155
Advocacia, 7/174
   Revista pessoal em Advogado, 8/41
   Estatuto da, 9/154
Agravo de Instrumento
   Autenticação, 3/71, 8/43
   Formação, 2/102, 8/43
   Inviabilidade de recurso extraordinário, 5/54
   Petição Apócrifa, 8/42
Agravo Regimental, 7/53
Anencefalia, 8/155
Antecipação de Tutela. Competência, 7/54
Aposentadoria, 1/46
   Adicional de insalubridade, 7/134
   Aposentadoria voluntária, 8/114, 10/23
   Auxílio-alimentação, 3/130, 5/143, 6/192
   Complementação, 10/98, 11/52, 12/109
   Continuidade da relação de emprego, 2/31, 7/22, 9/137, 9/142
   Estágio probatório, 8/110
   Férias, 6/194
   Férias não gozadas. Indenização indevida, 3/127
   Férias proporcionais, 8/109
   Funrural, 9/146
   Gratificação de Natal, 5/135
   Inativos, 8/121
   Juiz classista, 2/34, 6/196, 7/137
   Magistrado, 9/90, 9/91
   Notário, 12/107
   Proventos, 5/142
   Servidor de Embaixada do Brasil no exterior, 10/167
   Tempo de serviço. Arredondamento, 6/197
   Trabalhador rural, 2/33, 7/136, 9/146, 9/147
   Vale-alimentação, 5/143
   V. Benefícios previdenciários
   V. Previdência Social

Arbitragem, 4/169
Assinatura digitalizada, 6/211, 10/90
Assistência social, 5/147
Associação. Liberdade, 7/182
Autenticação de peças, 2/104, 4/91
Auxílio-doença, 9/17
Avulso
Competência, 9/43
Reintegração, 2/36
Benefícios previdenciários
Conversão, 5/152
Correção, 5/155
Marido. Igualdade, 5/156
Vinculação ao salário-mínimo, 6/198
V. Aposentadoria e contrato de trabalho
V. Previdência Social
Biossegurança, 12/121
Cartórios
Adicional por tempo de serviço, 9/75
Aposentadoria, 12/107
Concurso público, 9/75
Células-tronco, 12/121
CIPA
Suplente. Estabilidade, 2/40, 11/19
Competência
Ação civil pública. Servidor público, 9/95
Ação civil pública. Meio ambiente do trabalho, 3/74
Acidente do trabalho, 7/56, 9/40, 9/53, 9/55, 11/57
Aposentadoria, 12/107, 12/109
Avulso, 9/56
Complementação de aposentadoria, 10/98, 11/52
Contribuição sindical rural, 11/55
Contribuição social, 11/29
Danos morais e materiais, 7/57, 9/53, 9/55, 9/56
Demissão, 9/105

Descontos indevidos, 3/75
Descontos previdenciários, 3/75, 5/57
Direitos trabalhistas. Doença profissional, 6/102
Duplicidade de ações, 8/48
Empregado público federal, 7/58
Falência, 6/119
Gatilho salarial. Servidor celetista, 6/108
Greve de servidor público, 9/110
Greve. Fundação pública, 11/37
Habeas corpus, 6/121, 9/58
Indenização por acidente de trabalho, 5/58
Juiz de Direito investido de jurisdição trabalhista, 6/109, 8/51
Justiça do Trabalho, 2/108, 3/74, 4/71, 10/60, 10/98
Justiça Federal, 5/56
Justiça Estadual comum. Servidor estadual estatutário, 3/79
Legislativa. Direito do Trabalho, 3/81
Matéria trabalhista, 7/56
Mudança de regime, 6/112
Penalidades administrativas, 11/57
Relação jurídica regida pela CLT, 5/59
Residual, 5/56, 6/91
Revisão de enquadramento, 6/114
Segurança, higiene e saúde do trabalhador, 9/71
Sentença estrangeira, 9/156
Servidor com regime especial, 12/63
Servidor estadual celetista, 3/76, 4/71, 8/45
Servidor público. Emenda n. 45/2004, 9/94, 10/95
Servidor público federal. Anterioridade à Lei n. 8.112/90, 4/72
Servidor temporário. Incompetência, 3/76, 11/114
TST e Juiz estadual, 10/92

Concurso Público
Aprovação. Direito à nomeação, 9/78
Ascenção funcional, 9/79
Cartório, 9/75
Direito à convocação, 3/103
Edital, 9/78
Emprego público, 4/129

Escolaridade, 8/85
Exigência de altura mínima, 3/104, 5/117
Inexistência. Reconhecimento de vínculo, 3/104
Isonomia, 9/81
Investidura em serviço público, 4/131
Limite de idade, 3/107, 9/80
Necessidade para professor titular, 3/110
Preterição, 5/118
Sociedade de economia mista. Acumulação de cargo público, 5/93
Suspensão indeferida, 7/94
Triênio, 9/116, 9/118, 9/122, 9/124, 9/126, 9/130, 9/132
V. Servidor público

Conselho Nacional de Justiça, 9/83

Conselho Nacional do Ministério Público, 9/88

Contribuição fiscal, 4/73

Contribuição social, 5/158, 6/200, 11/29, 11/119

Contribuições para sindicatos
V. Receita sindical

Contribuições previdenciárias, 4/73, 12/

Convenção n. 158/OIT, 1/31, 2/59, 5/15, 7/34, 8/17
V. Tratados internacionais

Cooperativas de trabalho, 11/29

Crédito previdenciário, 11/121

Crime de desobediência, 9/70

Dano moral, 2/44, 4/33
  Acidente do trabalho, 9/53
  Base de cálculo, 9/18, 9/23, 11/19
  Competência. Justa causa, 9/53
  Competência. Justiça do Trabalho, 9/53
  Competência. Justiça Estadual, 9/55
  Fixação do *quantum*, 10/32, 11/21
  Indenização. Descabimento, 3/20

Declaração de inconstitucionalidade. Efeitos, 12/86

Deficiente
  V. Portador de necessidades especiais

Depositário infiel, 4/77, 6/212, 11/29, 12/131
Depósito prévio. Débito com INSS, 11/65
Detetive Particular
 Anotação na CTPS. Mandado de Injunção. Descabimento, 7/23
Direito à vida, 5/192
Direito processual, 2/99, 3/69, 4/67, 5/49, 6/89, 7/49, 8/37, 9/33
 Celeridade, 9/45
 Prescrição. Períodos descontínuos, 3/88
 Rescisória. Medida cautelar. Planos econômicos, 3/90
Direitos coletivos, 1/47, 2/67, 3/33, 4/39, 5/33, 6/39, 7/37, 8/31, 9/23
 Confederação. Desmembramento, 4/49
 Desmembramento de sindicato. Alcance do art. 8º, II, da CR/88, 3/64
 Desmembramento de sindicato. Condições, 3/65
 Federação. Desmembramento, 4/50
 Liberdade sindical, 1/49, 3/64, 4/49
 Registro sindical, 1/49, 6/82
 Sindicato e associação. Unicidade sindical, 3/67
 Sindicato. Desmembramento, 4/51
 Superposição, 4/57
 Unicidade sindical, 1,52, 2/92, 3/67
Direitos individuais, 1/15, 2/13, 3/11, 4/11, 5/13, 6/15, 7/15, 8/15, 9/15
Dirigente sindical
 Dirigentes de sindicatos de trabalhadores. Garantia de emprego, 4/41, 10/64
 Estabilidade. Sindicato patronal, 4/43
 Estabilidade sindical. Registro no MTE, 10/68
 Garantia de emprego. Comunicação ao empregador, 3,38
 Limitação de número, 3/38
 Membro de Conselho Fiscal. Estabilidade, 7/26
Dissídio Coletivo
 Autonomia privada coletiva. Representatividade, 4/44
 Convenção coletiva. Política salarial, 7/40, 9/26
 "De comum acordo", 11/35
 Desnecessidade de negociação. *Quorum*, 3/43

Dissídio coletivo de natureza jurídica. Admissibilidade, 3/40
Entidade de 3º grau. Necessidade de comprovação de possuir legitimidade para propositura de ADIn, 6/49
Legitimidade do Ministério Público, 3/46
Negociação coletiva. Reposição do poder aquisitivo, 6/69, 9/26
Negociação prévia. Indispensabilidade, 4/46
Quorum real, 4/47

Discriminação, 7/176

Dívida de jogo, 6/214

Embargos de declaração
Prequestionamento. Honorários, 3/86

Emenda Constitucional n. 45/2004, 9/43, 9/45, 9/53, 9/58, 9/83, 9/88, 9/93, 9/94, 9/98, 9/102, 9/116, 9/120, 9/122, 9/124, 9/126, 9/130, 9/132, 9/156, 10/60, 10/95, 10/115, 11/35, 11/37, 11/57, 11/127, 12/47, 12/67, 12/81, 12/84, 12/117, 12/131

Engenheiro
Inexistência de acumulação, 6/19
Piso salarial, 6/20

Entidade de classe. Legitimidade, 9/33

Estabilidade
Alcance da Convenção n. 158/OIT. Decisão em liminar, 1/31, 2/59, 5/15
Cargo de confiança. Arts. 41, § 1º, da CR/88, e 19, do ADCT, 1/37, 6/54
Dirigente de associação, 6/53
Extinção do regime, 5/25
Gestante, 4/28, 6/26, 8/19, 10/35
Membro de Conselho Fiscal de Sindicato, 7/26
Servidor de sociedade de economia mista. Art. 173, I, da CR/88, 1/37, 3/113, 10/35
Servidor não concursado, 10/37
Servidor público, 3/112, 7/126
Suplente de CIPA. Art. 10, II, *a*, do ADCT, 1/32, 2/40, 3/18, 11/19

Estagiário, 2/137

Execução
Custas executivas, 3/82

Execução. Cédula industrial. Penhora. Despacho em REsp n. 1/104, 2/111
Impenhorabilidade de bens da ECT. Necessidade de precatório.
Despachos em recursos extraordinários, 1/106, 4/87, 5/60, 6/115, 7/60
Ofensa indireta à Constituição. Descabimento de recurso extraordinário, 6/117, 8/76

Exceção de suspeição, 7/61

Falência
Crédito previdenciário, 11/21
Execução trabalhista. Competência do TRF, 6/119

Falta grave
Estabilidade. Opção pelo FGTS. Desnecessidade de apuração de falta grave para a dispensa, 3/24
Garantia de emprego. Necessidade de apuração de falta grave, 3/26

Fax
Recurso por fax, 1/114

Fazenda Pública, 11/61

Férias, 6/22, 9/93

FGTS
Atualização de contas, 7/28
Correção monetária. Planos econômicos, 4/17

Fiador, 9/151

Gestante
Controle por prazo determinado, 8/20
V. Licença-maternidade

Gratificação de Natal
Incidência da contribuição previdenciária, 2/48

Gratificação de produtividade, 6/25

Gratificação pós-férias, 10/39

Gratuidade, 10/102

Greve
Abusividade, 2,78, 3/50
Advogados públicos, 12/35

ADIn. Perda de objeto, 7/41
Atividade essencial. Ausência de negociação, 2/81
Fundação pública, 11/37
Ofensa reflexa, 5/39
Mandado de injunção, 7/41
Multa, 2/84, 5/40
Policial civil, 12/54
Servidor público, 2/90, 6/59, 7/41, 9/110, 10/69, 12/35, 12/39, 12/54

Habeas corpus, 4/77, 6/121, 9/58, 12/131

Habeas data, 5/194

Homossexual, 7/177, 10/186

Idoso, 11/60

Imunidade de jurisdição, 1/40, 6/123, 7/67, 8/58

INFRAERO, 8/22

Interdito proibitório, 12/57

IPC de março/90. Incidência. Poupança, 5/195

Julgamento. Paridade, 7/90

Juros
Taxa de 0,5%, 11/61
Taxa de 12%, 3/121, 4/71, 9/60

Juiz Classista, 7/93, 7/105, 7/137

Justiça Desportiva, 12/

Justiça do Trabalho
Competência, 2/108, 3/74, 4/71, 9/53, 9/58, 9/71
Composição, 4/80
Desmembramento, 4/85
Estrutura, 4/80
Lista de antiguidade, 7/106
Presidente de TRT, 5/197
V. Poder normativo da Justiça do Trabalho

Legitimidade
Central sindical, 5/35
Confederação sindical, 4/59

Entidade de classe, 9/25
Sindicato. Legitimidade ativa, 4/60, 7/45

Liberdade sindical, 1/49
Desmembramento de sindicato. Alcance do art. 8º, II, da CR/88, 3/64,3/65, 4/49, 4/50, 4/51, 4/57, 6/67, 9/30, 11/44
V. Sindicato
V. Unicidade sindical

Licença-maternidade, 2/50
Acordo coletivo, 5/23
Fonte de custeio, 4/31
Gestante. Estabilidade. Ausência de conhecimento do estado gravídico. Comunicação, 4/28, 6/26, 8/19
Horas extras, 6/30
Mãe adotiva, 4/32, 6/32
Valor, 7/132

Litigância de má-fé, 5/63

Magistrado
Abono variável, 10/.118
Adicional por tempo de serviço, 7/108, 10/129
Aposentadoria. Penalidade, 9/90
Aposentadoria. Tempo de serviço, 9/91
Afastamento eventual da Comarca, 8/89
Docente. Inexistência de acumulação, 8/90, 9/92
Férias coletivas, 9/93
Justiça desportiva, 12/97
Parcela autônoma de equivalência, 7/109
Promoção por merecimento, 8/99
Reajuste de vencimentos, 8/103
Redução de proventos, 10/133
Responsabilidade civil, 7/122
Tempo de serviço, 9/91
Triênio, 9/116, 9/118, 9/120, 9/122, 9/124, 9/126, 9/130, 9/132

Mandato de injunção coletivo. Legitimidade, 6/133

Mandado de segurança coletivo, 8/77

Médico. Jornada de trabalho, 8/104

169

Medidas Provisórias
ADIn. Reedição. Aditamento à inicial, 3/125
Reedição de Medida Provisória, 2/165
Relevância e urgência, 3/124

Meio ambiente, 10/182

Ministério Público
Filiação partidária, 10/139
Interesse coletivo, 6/134
Interesses individuais homogêneos, 7/43
Legitimidade. Ação coletiva, 10/103
Legitimidade. Contribuição assistencial, 8/33

Negativa de prestação jurisdicional. Ausência, 5/70

Negociação coletiva. Reposição de poder aquisitivo, 6/69, 7/40, 9/26
V. Dissídio coletivo

Norma Coletiva
Alcance, 2/69
Não adesão ao contrato de trabalho, 11/40
Política salarial, 7/40
Prevalência sobre lei, 5/37
Reajuste, 3/53

Ordem dos Advogados, 10/141

Organização internacional
Imunidade de execução, 10/104

Pacto de São José da Costa Rica, 7/183, 11/127, 11/129, 11/134, 12/131
V. Tratados internacionais

Participação nos lucros, 12/19

Planos econômicos
FGTS. Correção monetária, 4/17
Rescisória. Medida cautelar, 3/90
Violação ao art. 5º, II, da CR/88, 1/17

Portador de necessidades especiais, 6/35

Poder Normativo da Justiça do Trabalho, 6/70
Cláusulas exorbitantes, 10/71

Concessão de estabilidade, 1/76
Conquistas, 1/77
Limitações, 1/74
V. Justiça do Trabalho

Policial militar. Relação de emprego, 9/20

Precatório, 1/106, 2/112, 4/87, 4/96, 5/60, 5/72, 6/145, 7/60, 7/169, 9/62, 11/63, 12/89
Art. 100, § 3º, da Constituição, 6/145, 11/63
Autarquia, 9/62
Correção de cálculos, 8/67
Crédito trabalhista. Impossibilidade de sequestro, 5/72
Instrução Normativa n. 11/97-TST. ADIn, 5/75, 7/69
Obrigação de pequeno valor. Desnecessidade de expedição, 5/77, 7/71, 9/63
Juros de mora. Atualização, 8/68
Juros de mora. Não incidência, 7/80
Sequestro, 6/147, 6/148, 7/74, 8/69, 8/71, 8/72, 9/65

Preposto, 7/85

Prequestionamento, 2/123, 5/79, 6/157, 7/87

Prescrição
Efeitos, 7/88
Extinção do contrato de trabalho, 6/158
Ministério Público. Arguição, 4/100
Mudança de regime, 4/136
Períodos descontínuos, 3/88
Regra geral, 6/160, 10/108
Trabalhador rural, 4/102

Prestação jurisdicional, 2/125

Previdência Social, 3/127, 4/173, 5/135, 6/185, 7/129, 9/135
Aposentadoria. Complementação. Petrobras, 4/173
Aposentadoria. Férias não gozadas. Indenização indevida, 3/127
Aposentadoria voluntária, 8/114
Assistência social, 5/147
Auxílio-alimentação. Extensão a aposentados, 3/130, 5/143
Cálculo de benefícios, 7/139
Benefícios. Impossibilidade de revisão, 3/128, 4/175, 5/152

Contribuição. Aposentados e pensionistas, 4/177, 5/158, 8/121
Direito adquirido. Aposentadoria. Valor dos proventos, 4/178
Gratificação de Natal, 5/135
Trabalhador rural. Pensão por morte, 3/130
V. Aposentadoria e contrato de trabalho
V. Benefícios previdenciários

Prisão civil, 7/183
Agricultor, 11/127
Depositário infiel, 4/77, 6/212, 11/129, 12/131
Devedor fiduciante, 11/127, 12/131
Leiloeiro, 11/129

Professor. Piso e jornada, 12/21

Providências exclusivas. Pedido esdrúxulo, 6/226

Procedimento sumaríssimo, 4/104

Procuração *apud acta*, 4/106

Reajuste salarial. Inexistência de direito adquirido, 3/29

Receita sindical
Cobrança de não filiados, 3/59, 6/82
Contribuição assistencial. Despacho em recurso extraordinário, 1/69, 3/56, 5/42, 5/44
Contribuição assistencial. Matéria infraconstitucional, 8/33
Contribuição assistencial. Não associados, 9/28
Contribuição assistencial patronal, 10/60
Contribuição confederativa aplicável para urbanos, 1/67
Contribuição confederativa. Não associados, 7/39
Contribuição confederativa para associados, 1/66, 6/82
Contribuição confederativa programática para rurais, 1/68, 6/83
Contribuição confederativa. Autoaplicabilidade, 2/95, 2/96
Contribuição sindical. Competência, 12/84
Contribuição sindical para servidores públicos, 1/72
Contribuição sindical patronal. Empresas escritas no *Simples*, 3/62
Contribuição sindical rural, 5/44, 6/85, 11/55
Contribuição social, 5/158

Reclamação criada em regimento interno, 12/91

Recuperação de empresas, 11/23

Recurso administrativo em DRT. Multa, 3/132, 4/179

Recurso de revista
Cabimento, 8/75
Pressupostos de admissibilidade, 5/86

Recurso extraordinário
Cabimento, 2/130, 4/108
Descabimento, 4/109, 6/162, 9/67, 9/68
Decisão de Tribunal Regional, 9/68
Decisão interlocutória, 9/67
Prequestionamento, 4/109
Violação do contraditório, 4/122

Recurso impróprio, 8/76

Regime Jurídico Único, 12/101

Registro público, 9/70

Registro sindical, 1/49, 8/35

Repouso semanal remunerado
Alcance do advérbio *preferentemente*. ADIn do art. 6º da MP n. 1.539-35/97. Art. 7º, XV, da CR/88, 1/29

Responsabilidade do Estado, 8/164

Responsabilidade subsidiária, 7/89

Salário mínimo, 2/55, 3/11
ADIn. Omissão parcial. Valor, 7/19
Dano moral. Indenização, 4/33
Multa administrativa. Vinculação, 4/34
Pensão especial. Vinculação, 4/35
Salário mínimo de referência, 5/29
Salário mínimo. Vinculação, 12/17
Salário profissional. Vedação. Critério discricionário. Aplicação da LICC, 4/36
Vencimento, 5/130
Vencimento básico. Vinculação, 4/37

Segurança, higiene e saúde do trabalhador, 9/100

Segurança pública, 8/164

Sentença estrangeira, 9/156

Serviço militar. Remuneração, 12/27

Serviço público
V. Servidor público
V. Concurso público

Servidor público
Acumulação de vencimentos, 6/167, 10/151
Admissão antes da CR/88, 2/139
Admissão no serviço público, Art. 37, II da CR/88.
Despachos em recursos extraordinários. ADIMC da Medida Provisória n. 1.554/96, 1/91
Admissão sem concurso, 9/35
Agências reguladoras. Pessoal celetista. ADIn, 5/95
Anistia, 2/153, 2/155
Anuênio e Licença-Prêmio, 3/101
Art. 19 do ADCT, 2/163, 8/88
Ascensão funcional, 9/79
Competência da Justiça do Trabalho, 4/71, 4/72
Competência da Justiça Federal, 9/94
Concurso público, 2/148, 3/103, 6/170, 7/94, 8/85
Contratação, 11/76
Contratações e dispensas simultâneas, 3/112
Contraditório, 10/154
Contribuição social, 5/158
Demissão, 9/105
Desvio de função, 5/122, 9/106
Engenheiro florestal. Isonomia. Vencimento básico. Equivalência ao salário-mínimo, 6/171
Estabilidade independentemente de opção pelo FGTS, 3/112, 3/113
Estabilidade. Emprego público. Inexistência, 8/87
Estabilidade. Matéria fática, 7/126
Estabilidade sindical, 5/123, 10/68
Exame psicotécnico. Exigência, 6/176
Gratificação, 9/109
Greve, 1/86, 2/90, 6/59, 7/41, 9/110, 11/78, 12/35
Idade, 9/80
Incompetência da Justiça do Trabalho. Art. 114 da CR/88, 1/101, 7/156
Inativos, 7/103, 7/118
Inexistência de efetividade no cargo, 3/114

Isonomia, 9/81
Médico, 8/104
Mudança de regime, 4/136, 5/125, 10/140
Nomeação, 9/78
Ocupante de cargo em comissão, 3/115
P.I.P.Q., 7/118
Prestação de serviço. Administração pública. Art. 19 do ADCT, 4/139
Promoção, 10/146
Quintos e décimos, 10/154
Reajuste de vencimentos de servidores públicos. Art. 39, § 1º, da CR/88, 1/85
Reajuste por ato administrativo, 7/120
Reajuste salarial, 10/159
Regime Jurídico Único, 12/101
Reserva legal, 5/127, 9/112
Responsabilidade civil do Estado, 6/177
Serventuário de Cartório, 4/142, 9/75
Servidor municipal celetista. Aplicação do art. 41 da CR/88, 3/115
Servidor temporário, 7/128, 9/111, 12/65
Sociedade de economia mista. Acumulação de cargo público, 4/144, 5/128
Tempo de serviço, 6/178
Tempo de serviço. Adicional por tempo de serviço. Atividade privada, 2/160
Tempo de serviço rural, 7/136
Temporário, 9/111, 11/114
URV, 4/146
Vantagem *sexta-feira*, 6/181
Vencimentos de magistrados, 6/183
V. Concurso público

Sindicato
Desmembramento, 11/44
Legitimidade. Relação jurídica. Integração profissional, 7/45
Limite de servidores eleitos, 7/45
Representatividade, 9/30
Serviços a terceiros, 5/47
V. Liberdade sindical
V. Unicidade sindical

Subsídios, 7/98

Substituição processual
Alcance, 1/55, 7/46, 10/75
Desnecessidade de autorização, 1/62
Empregados de empresa pública, 1/64
Legitimidade, 2/98, 7/46
Servidores do Banco Central do Brasil, 1/65

SÚMULAS DO STF, 7/143, 12/135

Sustentação oral, 6/164, 7/53

Testemunha litigante, 2/131, 3/94, 4/124

Trabalhador rural
Contribuição, 9/146
Funrural, 9/146
Menor de 14 anos, 9/147
Tempo de serviço, 9/147

Trabalho forçado, 10/40

Transcendência, 11/67

Tratados internacionais
Competência para denunciar, 7/34
Hierarquia, 2/59, 12/131
V. Convenção n. 158/OIT
V. Pacto de São José da Costa Rica

Tributação, 10/171

Triênio de atividade jurídica
Liminar concedida, 9/116
Liminar negada, 9/120

Turnos ininterruptos de revezamento
Intervalo. Art. 7º, XIV, da CR/88, 1/23, 2/64, 3/30, 5/30, 6/38, 8/26

Unicidade sindical. 1/52, 2/92, 3/67, 10/76, 10/84, 11/44
V. Liberdade sindical

U.R.V., 4/146

Vale-refeição
Reajuste mensal, 8/28
V. Auxílio-alimentação
V. Previdência social

Violação ao art. 5º, II, CR/88, 1/17